「平和の道」と「本質」で在ること

平和への12の道が悟りの本質へとつながる

ジャスムヒーン著
立花ありみ 訳

ナチュラルスピリット

注意事項

（物理的な）食事量を減らす場合は、適正な指導者のもとで、その指示に基づいて行わないと危険を伴いますので、もし行いたいという意志がある方は、必ず、適正な指導者のもとで指示に従って行ってください。

——ナチュラルスピリット

「平和の道」と「本質」で在ること

―平和への12の道が悟りの本質へとつながる―

● 目次

第1部　平和の道　実用法

第2部　本質《エッセンス》で在ること

※ジャスムヒーンのウェブサイトアドレス、YouTubeアドレス、フェイスブックアドレス等の各種サイトアドレスは、書籍発行時のものを掲載しています。また、YouTube番組の題名、瞑想法の題名、プログラミングの題名、オーディオブックの題名等の各種題名は、著者執筆時のものを掲載しています。

「平和の道」と「本質《エッセンス》で在ること」について

わたしの愛する二つのトピックスとは、平和の喜びと、芯の部分で自分本来の姿になることによってもたらされる平和と喜びについてです。ですから、ルーマニア人の出版者であるモニカが、これまでわたしが執筆した二つの短い本を一冊にしようと提案してくれたときは、本当に嬉しかったです。

38冊の本を執筆したあと、わたしはもうこれ以上書くことを要求されていないように感じていましたが、もっと手軽に多くの人たちに読んでもらえるように、これまでの内容を小冊子タイプのフォーマットにまとめるようにガイドを受けていました。しかし、二つの本を別々に読んだモニカは、ルーマニアの読者がわたしに求めているのは、「おそらく、もっと難解な形而上学的な内容や、さらに緻密な調査結果ではないか」と言いました。けれども、これまでもそうであったように、今日のわたしも物事をシンプルに、明瞭にすることが好きですし、それが結果的に「笑顔」をもたらすと思っているのです。

『平和の道』という本は、詩の形でチャネリングされたので、翻訳されてもそれぞれのメッセージのリズムを感じてもらえたら嬉しいです。一方、『本質で在ること』という本は、ある曇りの日、東京のホテルの一室で過ごしていた際に、自分の本質になるとはどういうことかを感覚的につかんだときに、流れ込んできたものです。また、それに加えて「栄養としての本質」がどのように世界を変えて行くのかという視点から、現実における最新情報も記しました。

一冊にまとめあげる作業のなかで、わたしはひとつの良い流れになっていると思いました。はじめに、いかにシンプルに深いレベルで個人が平和を感じられるようになり、ひいては、それが世界平和につながるのかを示す12の道の原則が紹介されます。次に、どのようにそれらの道が自らの悟った本性と深く融合することに導き、それによって、喜び、美、充足感、優雅さ、そして感謝の念がわき起こっているのかが解き明かされています。

あなたがここにある内容を楽しんでくれることを願っています。最大限の愛をルーマニアの読者のみなさんに捧げます。そして、ルーマニアの滞在中に、数年間にわたってわたしをサポートし続けてくれたモニカに心からの感謝をいたします。

あなた方が心から願う平和のすべてがもたらされますように祈っています。

ナマステ

ジャスムヒーン

第１部

平和の道 実用法

PATHWAYS OF PEACE PRAGMATICS

平和の道について

予言された次のレベルに移行するために、わたしたちは愛と一体になり、あらゆる生命を慈しみ敬意を払うパラダイムに焦点を当てる必要があります。神性を体験するための秘密などありません。エネルギー・フィールドの作業はいたってシンプルなものです。わたしたちが注意を向けるものが育っていくことは誰もが知っています。今こそが平和の道へ、すなわち、わたしたちを結びつけ一つにする、新たなオペレーティング・システム（ＯＳ）に焦点を当てるときであると言う人もいます。問題はこうです。はたして、わたしたちが今日の葛藤をすべて乗り越えて、内にも外にも永続的な平和を経験できるか、ということです。もしそうであるなら、どのようにして成し遂げられるでしょうか？　わたしたちは地球を精錬化し平和を達成する科学やシステムを持ち得ているでしょうか？　あるいは、わたしたちが受け入れることのできる一歩一歩のプロセスというものがあるのでしょうか？　答えは「Ｙｅｓ（はい）」です。だからこそ、わたしたちの提示する詩的な洞察と、実用的な平和の道にあなた方を歓迎したいと思うのです。

その先へ……

わたしたちと共に歩いている人々の多くが、ポジティブな進化のプロセスを助けようと、より大きな全体のために活動していることも知っています。

ある人々は山頂に座り、あらゆる瞬間の完全性を味わい、ただ在ること、すなわち、絶え間なく自らの発する愛の光線を地上に降り注いでいる以外に何もしない、という形で行っているでしょう。また別の人は、家族や友人のために献身的に尽くしているでしょう。

ある人は魂の光をゆり覚ますような仕事、芸術あるいは音楽を創作している一方で、本を執筆したり、必要としている人に手当てを施している人もいるでしょう。また、それらすべてのことを行っている人もいれば、より多くの人々が何をしたら良いのか分からずに葛藤したり、あるいは生きるために、ただ生活している人もいるでしょう。

葛藤している人々については、それが最善のことであれば、必要な支援が引き寄せられるときが来るでしょう。時として、一人で耐えなければならないこともあります。なぜなら、苦難のあらゆる瞬間を生きることでしか、内なる強さや洞察を得ることができないことがあるからです。

複雑さはとどまることを知りません。というのも、わたしたち自身が創造的な存在であるのと同時に、創造性のマトリックスは巨大だからです。どんな現実の配置も可能であり、わたしが書いていることで新しいものは何一つありません。

はたして、わたしたちはみな、これらすべての葛藤の先に進むことができるでしょうか？

それが可能だとすれば、どのようにして?

科学やシステムを導入することで、地球を精錬化し平和をもたらすことができるでしょうか?

わたしたちが採用できる有効な一歩一歩のプロセスというものがあるのでしょうか?

ここから先のページに、これらの問いに対する答えのすべてとそれ以上のものがつまっています。

ジャスムヒーン

ようこそ、詩と洞察、そして平和の道へ

平和の道　序文

ある日の夕方前、わたしはこれまで知り得るなかで、もっとも聡明で愛情深く、力強い教師の面前に座っていました。

深い瞑想状態に入り、内面の微調整が行われようとしていました。わたしは、脳のなかのある神経経路が次のレベルへと点火され、大量の宇宙エネルギーが流入し、データがダウンロードされるのを受け取る準備が強化されていると感じていました。

わたしの身体の経絡とライトボディそのものが、深いレベルでつながり調整されると、非常に輝かしく、複雑で、深遠な冒険が立ち現れてきました。

明け渡しと癒し、統合と数々のヴィジョン、叡智と愛、解放と光、洞察と喜び、そして温かい心の融合の冒険です。

あまりにも多くのものを目にし……

理解し……けれども、それらを言葉で言い表すことはできませんでした。

あえて言葉にするなら、新たなはじまりの時が来た、ということです。それをわたしたちが今、望むならば、これまで受けてきた恩恵の数々を数え上げて、勇敢に冒険へと踏み込むのです。

ある人たちは脇に退《ど》いて、空想のひげを撫でながら、ただ傍観し、値踏みし、ゆっくりと考えたり、あるいは声に出して批判したりもするでしょう。そして、わたしたちが提案する一連の平和の道、可能性のフィールドについて、後になって他の人たちと議論するでしょう。

内なるヴィジョナリー（予見者、賢者）は、春の夕方にもう一度力強く姿を現し、超然とした眼差しでわたしのこれまでの人生をふり返りました。

「あなたがこれまでやってきたことを、誇りに思いなさい」。それは、「弁明すべきことや説明すべきことは何一つない」というゆるぎのない、愛に満ちた誘いとともに、わたしに事実を思い起こさせてくれました。もうやるべきことはすでにやり尽くしたのだ、と。これまでに行った調査のマニュアルは実証され、記録され、すでに公になっているのです。そして、その方法と道は、今やすべての人の前に明かされているのです。どんな逆境にも負けないで、ここまでようやくたどり着いたことを思い返していると、改めて問いかけられました。「覚悟はできていますか？」と。

わたしは、慈悲深いハートにしばしば身を委《ゆだ》ねて生きてきた人たちとともにいます。

わたしは、世界情勢について真剣に考える人たちとともにいます。戦争、飢饉、洪水、飢え、不公正さの――事実であれ、幻想であれ――痕跡を後に残して前進するために、これらのテーマはしばしばわたしたちの人生の前に立ちはだかってきました。

健康、幸福、調和の問題にも対峙し、死や頭痛も経験しました。それでもわたしたちは生き延びて、より進化し、賢くなりました。

わたしはまた、慎み深く、世界の子どもたちのために涙を流す人たちとともにいます。虐待されている子どもたち、その純粋さゆえに苦しんでいる子どもたち、そして、生まれ落ちた日に輝かせるその天使的な本質のために、涙を流します。

またわたしは今、より明るい未来を見据え、より見識のある生き方、あるいはすでにそういう生き方をしている人たちとともにいます。

わたしはニューヨークとウィーンの国連ビルに立ちました。そこは、常に志を高く、慈悲深いハートの声に沿って生きようとする開かれた人々に囲まれています。

わたしはアマゾンの中心で踊りました。純粋なハートを持ち、自然のリズムと呼応しながら世界に平和をもたらす仲間（種族 tribes）たちとともに。

あなた方と同じように、わたしも激しく喜び、大声で笑い、愛に圧倒され、ハートが引き裂かれんばかりに泣きました――哀しみに打ち拉《ひし》がれて、人生の沼底に崩れ落ちるように。

あなた方と同じように、わたしも必要とあれば、全力を尽くしてきました。

わたしは、蔑《さげす》みや侮辱の対象となった人たちとともにいます――詐欺師や殺人者などと呼ばれる人たちです。

そしてわたし自身もまた、疑り深いトーマス（訳註：イエスの12使徒の一人で、自分の目でイエスを見るまではイエスの復活を疑っていた）の役割を担っていました。言葉の力を知る前は、わたしも冷酷な言葉を使っていました。


そして、今ここにいます。

＊ここからどこに向かえば良いでしょうか？
＊わたしたちの心の奥底には、何が横たわっているのでしょうか？

＊わたしたちは、どれほど賢く成長できたでしょうか？
＊共通のゴールと意識の焦点をもって、世界をひとつにすることができるでしょうか？
＊お互いを尊重し、これまで培ってきた知恵を大切にできるでしょうか？
＊それぞれの最善のあり方を分かち合うことができるでしょうか？
＊人生という、リアルな舞台の新たな冒険に向かう準備はできているでしょうか？
＊わたしたちは、新たな平和の道を楽しむことができるでしょうか？
＊わたしたちは自由で開かれた心をもって、平和の道を歩むことができるでしょうか？　過去を洗い流し、制限をはずして、より賢く。

わたしはこれらの質問に「Ｙｅｓ（はい）」と答えた多くの人たちとともにいます。
Ｙｅｓ（はい）。
わたしの準備は整っています。
Ｉ　ＡＭ（アイ・アム：「われ在り」）の一部である、この聡明で愛情深い魂の教師に言うべきことはそれだけです。

＊わたしたちは、人が本質的にもつ弱さのすべてを、より偉大な活動のために捧げることができるでしょうか？
＊わたしたちはトリプル・ウィン・ゲーム（三者が勝つゲーム。自分と相手とまわりの人たちと）に参加

できるでしょうか？　みんなに恩恵がもたらされるゲームです。
＊わたしたちは、愛することにコミット（委ねること、委託）することができるでしょうか？　フィールド上の誰にもネガティブな副産物を与えない生き方です。
＊祝福のゲームに参加するにあたって、毎日を感謝ではじめ、あらゆる瞬間を完全に生ききることはできるでしょうか？
＊当面、これがわたしたちの共通の目標となるでしょうか？

Ｙｅｓ（はい）。


わたしは、問いかけ、見た者、成長し、学んだ者、そして意識的に平和の道を選んだ多くの人たちとともにいます。

わたしはまた、もっとも純粋な内なる平安のプールに浴し、内面に深い充足の空間を見出した人々、そして情け深く、温和な心を持ち、世の中を優しさで満たす人たちとともにいます。

わたしは、人々とともに代替的な道を通って、世界を歩き続けます。その道とは、平和の道に対し「Ｙｅｓ（はい）」と答えた人たちの前に現れる道です。

また、わたしは人々とともに立ち会いました。

わたしは、あらゆるストレスを取り除くための解決策や答えがもたらされる場面を目撃しました。多くの人が、苦悩や痛みのなかから勝利が生まれる場面に立ち会ったのです。

わたしもまた生まれ変わり、他の人も信念がシフトすることで生まれ変わるのを目にしました。それは、わたしたちの心が再び大きく開いたからです。

これらすべてを踏まえて、わたしもまた自らの内なる王国の、聡明で愛情深く、慈悲心のある女王になる決意をしました。人間的な弱さや欠点を持ちつつも、もっとも優雅な方法で。

他の多くの人たちと同様に、わたしも自分や他者を愛することの方が、憎み、恐れ、羨《うらや》むことよりもずっと楽ですし、消耗させない生き方を選びました。

そして、他の多くの人たちと同様に、わたしも人生の苦難を経て、心が浄化され、魂が謙虚でありながらより賢くなったことを知っています。これまでの選択のすべてが、この道の扉へと続いていたのです。

今見渡すと、さまざまなレベルで同じゲームにはまっている人々に囲まれていますが、それ自体が深い安らぎと恩恵《グレース》への道をもたらします。恩恵、すなわちそれは、探し求めても手に入らないけれども、与えられるものです。

そうです。他の多くの人たちと同じように、今、祝福とはどのようなものなのかをわたしは経験しています。内なるマスターを知り、その抱擁によって滋養を得、その光、叡智、愛によって導かれ、その意識に触れるとあたかも手袋のようにぴったりとフィットしていることが分かります。それは、平和だけに通じる純然たる道を知っているということです。甘美な解放をもたらす、新たな存在のあり方です。

ですから、平和の道への新たな実用法のシリーズを提案したいと思います。

愛と光、笑いを込めて

ジャスムヒーン

「究極的には、人類はひとつであり、わたしたちの唯一の故郷はこの小さな惑星です。もしその惑星を守りたいと思うならば、わたしたち一人一人が地球規模の利他主義を経験しなければなりません。この感情だけが、お互いを利用しようと駆り立てる利己的な動機を排除することができます。誠実で開かれた心があれば、わたしたちは自然に自分を信じることができ、他者を恐れる必要などなくなります」

ダライ・ラマ法王『*わが霊的な自叙伝（My Spiritual Autobiography）』より

*邦訳『ダライ・ラマ　こころの自伝（Mon autobiographie spirituelle）』ダライ・ラマ14世　テンジン・ギャツォ著（春秋社）

※本書では、ジャスムヒーン著による英原書からの訳になります。

平和の道１

リズム

わたしたちが世界に提示する最初の平和の道は、リズムを理解する、ということです。すべてはエネルギーのシステムに過ぎず、常に、張り巡らされた生命のウェブ（網目状のもの）上に相互に働きかけ、影響を与えています。

生命はリズムであることをわたしたちが理解すれば、それが調和的／不調和的であれ、多かれ少なかれ一人一人がエネルギーのシステムであることが分かり、したがって、自分のリズムを変えることができるという自由な視点を手に入れ、この世界の進化の道、生命のウェブに影響を与えることができるのです。

自分のリズムを変えることで、創造のマトリックス上の自らの立ち位置をシフトさせることができ（共鳴の法則）、より相互促進的なパラダイムを内蔵している領域に移行することが可能になります。そのことを知り、行動に移すことによって偉大な平和をもたらし、ひいては自らの主権性を促進させるのです。

光の存在の友人からのチャネリング・メッセージ

あなたの知るこの世界には、さまざまなリズムがあります。飛びつくための甘美な風味（魅力的なもの）がたくさんあります。そして、ありとあらゆる道を通して、わたしたちはすべてにおいて成長し、独自性を輝かせています。

さあ、ここでお話をしましょう。葛藤を減らすためのちょっとした考え方、存在のあり方についての話です。内なるドラムのリズムに従い、その道に続いて歩んで行くすべての人にとって効果的な道についての話です。

愛のプールの深さには限りがなく、そのことについてわたしたちは分かち合うことも話すこともできません。なぜなら生命は、この地球上の時間の流れのなかで、自らの足で歩きながら生まれ出る歌、鼓動によって運命づけられているからです。そして、それは地球を越えた夢の果て、より甘美な歌へと開かれています。ある者は至福と言い、ある者はサマディ、あるいは悟りとも呼ぶもの。それは今日、本物の愛を知るということ、すなわち、この地球上で踊り、喜び、愛されていることを実感するゲームではないでしょうか。

ある人たちは、多くのことを夢見ます。それは当然のことと言えます。大都会の高級なマンション、高層から見渡す景色など、それこそ限りない欲求を持ち続けています。そのためにすべきことがたくさんあります。「ハートの歌」に触れるまでは。多くの人たちは、自分が関心を持っているものを欲します。それは、自分が何に動かされ、自分が（その時点で）知りうる愛によります。

ある人たちは、ここに来たばかりの人たちです。そのこともよく知っています。もうすでに述べたようなことをすべて楽しむためにやってきたのです。地球のフィールドには甘美なものが満ちあふれていて、ここへやってきた若い魂たちはその産物を味わう目的でやってきました。

けれども、あなたはすぐにこの次元を離れることになります。うんと遠くに、あなたが飛び立つと決めたそのときに、別の潮汐とともに。いわば、この二元性の公園から、この古いリズムから、誰もが今、飛躍することができるのです。さあ、扉が開いています。ワンネス（一体性）のリズムへと泳ぎ出ましょう。その素晴らしい風味とともに。

わたしたちは願います、あともう少しだけ。光の存在があなたの扉の前に現れ、思いも寄らないときに、ひとり静寂の内にとどまっているそのときに、扉が大きく開かれ、あなたが深い内側から湧いてくる愛のリズムとともに、ただ在ることができますように。そして、その呼吸を見つめ、その流れとともにいることができますように。

多くの瞑想法があり、多くの道があります。ただ座り、「わたしたち」に開いていけばよいのです。一体性を感じられるように、愛の味を味わえるように依頼してください。地球的調和とその魔法の言葉を知ることができるように。

必要なときは、自然科学に目を向ければ、私欲から自由になって、ただ幸せになるために、その一員として、最終的にはたどり着きます。この新たな宇宙の球体に、あなたの色／味を付け加えるために。

平和の鳩のように、ハートから愛の光線があふれていたとしてもエチケットはあります。言葉は真実に触れることもあれば、飛び立ってしまうこともあるでしょう。だから、毎日ハートへと戻ればよいのです。

何が起こるのかについて語ることはできません。なぜなら、端的に、どんなことでも起こり得るからです。

思考はあなたのドライバー（運転手）です。まるで、あなたの本質や鼓動のように、この次元を生き抜くためのいくつかのパターンを設定しています。あなたの放射するものが、聖なるアクセスコードとなって、内なる次元の扉（静寂の住処《すみか》）を開きます。ここにおいてはすべてが明らかとなり、あたかも類は友を呼ぶように、自分にぴったり合致したものだけが引き寄せられます――真の愛のリズムが見出されるまでは。

すべては鏡です。わたしたちが、それ以上でもそれ以下でもなく、ただ在るように。ときには奇妙に思えることもあるでしょう。それでも、リズムに沿っています。純然たる理由があるのです。宇宙の法則に従っています。そのことに気づくのに時間がかかることがあります。そしてやがて腑に落ちたときに、素晴らしい変容が訪れるのを目にするでしょう。それもあなたにぴったりの方法で。

わたしたちが、杯を分かち合いながら行ってきたことは、平和への道を示すことです。あなたを遠くへと、新しいリズムへと連れていく道です――休息のときには大きな愛と解放をもたらし、天へと開かれている道です。あなた方の地球です。この本の各章を読み進めながら、どんなところに住みたいのか、という願いが分かるはずです。

このまま地球上の肉体のなかにとどまっていることもできますし、再び拡大し、愛のマトリックス上の別の風潮や流れを見ることもできます。愛のマトリックスは、その聖なる手袋で個性豊かな表現をつくり出す一方で、すべては同じエネルギー・フロー（流れ、動き）から生み出されているのです。

あなたのフィールドの内で、恐れるものなど何一つありません。地球外生命体や光の存在、ＵＦＯなどであっても恐れるに値しません。すべては純粋な意図に沿って動いているハーモニクス（共振）であり、最高の表現ができるためにふさわしいフィールドにいるのです。

他者を気にせず、進めばいいのです。立ち止まる必要はありません。ただ、合一のときに向かってあなたの集中を切らしてはなりません。合流し、溶解し、融合し、純粋なハートの歌で新しいリズムを探し当てましょう。

「……**真実の慈悲心**は分け隔てがなく、他者の福利や幸福に対する責任感に耐えることができます。真の慈悲心は、内的な葛藤を緩和し、穏やかさと平安の状態をもたらします。また、自信を持って物事に対処しなければならないような日常の場面で、非常に役に立つことが分かります。慈悲心のある人は、周囲を歓迎し、理解するという温かなリラックスした雰囲気を醸し出しています。人間関係において、慈悲心は平和と調和を促進させます」

ダライ・ラマ法王『わが霊的な自叙伝（My Spiritual Autobiography）』より

意欲……

「最高のものをつくり出そうという意欲がなければ、何も始めることはできません。それが新たな命、あるいは世界、音楽や書き物などの一片の芸術作品であろうと、まずは自分を開くことからすべてが始まります」

「はじめに想像力、次に意欲、それが現実化につながる、と昔から言われていますが、それは事実です」

「わたしたちから世界へ、そして、世界からわたしたち自身にくれる贈り物は、さまざまな形でもたらされています。しかも、まったく予期していないときにやってくることもしばしばあります。けれども、わたしたちが与えることに開き、受け取ることにも開いているときに、もっともっともたらされるでしょう」

「最初の一歩が意欲を持つことであるならば、二歩目は、受け取るための空間を生活のなかにつくるための時間を持つことです。沈黙の内にとどまり、静けさを楽しむならば、わたしたちは内的世界につながることができます。内なる世界では、川のように直感的で創造的な流れがわたしたち全員のなかを通っています——それは精妙な流れです。また二歩目は、さまざまなリズムに意識的になることでもあります」

「三歩目は、ただやみくもにどんなチャンネルにも自分を開くのではなく、どのチャンネルに自分を合わせ、情報をダウンロードしたいのかを決めることです。というのも、フィールドは幾重にも層をなしていて、それぞれの層が独自の表現を持っているからです——アストラル界から高次元の光の領域まであります」

「四歩目は、ゆるしのプロセスです。すなわち、すべてがわたしたちを通して流れていくことをゆるすことです。常にあなたのハートのリズムに耳を澄ませましょう。そのナチュラルな歌に身を任せることで、あなたのあらゆる行為にハートのエネルギーが宿るでしょう」

実用的なエクササイズ

グリッドのポジション：あなたがマトリックス上のどこに位置しているのかを確認します。

・あなたの現在のポジション――次のエクササイズ（32〜33ページ・人生の調査・査定《アセスメント》）を行い、自分のポジションを確認します。

・あなたの潜在的なポジション――次のエクササイズを行うことで、人生のどの領域を磨く必要があるのか、はっきりと分かります。それを精錬化することによって、あなたの人生経験のリズムやマトリックスのポジションが向上します。理想的なマトリックスのポジションとは、恩寵に満ちた人生を示します。

・このマニュアルにおけるエクササイズを実践することで、あなたは創造の新たなエネルギー・フィールドへと引き寄せられていくでしょう。より調和と平和を経験できるようになります。

・マトリックス上のすべては、リズムと層から成っています。ですから、そのリズミカルな詩を味わってみてください。そして、そこから完璧な洞察を受け取るのだと意図してください。

・一旦リズムを理解すれば、わたしたちはエネルギー・フィールドを磨いたり、変えたりするゲームを楽しむことができます。あるいは、ただどんな世界でも楽しむことができるようになります。

・人生のどの部分が調整を必要としているのか明確になるように、正直に自分の人生の主要なリズムのすべてを調査・査定《アセスメント》してみてください。そうすることで、あなたもあなたの愛する人たちも、より深いレベルの平和と調和を体験できるようになります。

・本書でおすすめするエクササイズを実践し、記録や日記に残しておきましょう。

人生の調査・査定《アセスメント》

1. 1〜10のスケールで計ると、あなたの人生の不調和なリズムの強度は、どれくらいですか？ ／10

2. 1〜10のスケールで計ると、あなたの人生の調和的なリズムの強度は、どれくらいですか？ ／10

3. 1〜10のスケールで計ると、あなたが個人として調和的であることは、どれくらい重要ですか？ ／10

4. 1〜10のスケールで計ると、あなたの個人的な調和度のレベルは、どれくらいですか？ ／10

5. 1〜10のスケールで計ると、あなたの家族生活は、どれくらい調和的ですか？ ／10

6. 1〜10のスケールで計ると、あなたのロマンス／愛／セックスのリズムは、どれくらい調和的ですか？ ／10 それらはあなたの個人的な調和のレベルを上げていますか、それとも下げていますか？ ／10

7. 1〜10のスケールで計ると、あなたの仕事やキャリア面では、どれくらい調和的ですか？ ／10 それらはあなたの個人的な調和のレベルを上げていますか、それとも下げていますか？ ／10

8. 1〜10のスケールで計ると、あなたの健康のリズムは、どれくらい調和的ですか？ ／10 それらはあなたの個人的な調和のレベルを上げていますか、それとも下げていますか？ ／10

9. 1〜10のスケールで計ると、あなたの富のリズムは、どれくらい調和的ですか？ ／10

それらはあなたの個人的な調和のレベルを上げていますか、それとも下げていますか？　／10

10. 1~10のスケールで計ると、あなたの交友関係のリズムは、どれくらい調和的ですか？　／10

それらはあなたの個人的な調和のレベルを上げていますか、それとも下げていますか？　／10

11. 1~10のスケールで計ると、あなたの（ここに必要な人生の課題を挿入してください）リズムは、どれくらい調和的ですか？　／10

それらはあなたの個人的な調和のレベルを上げていますか、それとも下げていますか？　／10

あなたのリズムがどれくらい調和的なのかを見ることによって、どの分野にもっと働きかけ、具体的にどのようにすれば人生のリズムに調和がもたらされるのかが明らかになりましたか？　また、それ以外にも不調和に気がついた面はありましたか？

・右記についてもっとクリアに知りたい人は、ＹｏｕＴｕｂｅ番組《チャンネル》より「LIFE CLARITY MEDITATION（ライフ・クリアリティー・メディテーション）」（人生を明確にするための瞑想法）を検索してみてください。無料で提供しています。

・本書で紹介しているさまざまなエクササイズや瞑想法を実践することで、あなたのリズムで遊んでみましょう（いろいろと試してみましょう）。

・あなたに内在する聖なるもの（内在神／Divine One Within 以下：ＤＯＷ）に、あなたにとって完璧なリズムとはどんなものであるのか、真摯な想いで問いかけてみましょう。それは、地球上に住むすべての生命に恩恵を与える方法で、あなたの人生があらゆるレベルにおいて、健康で幸福で、かつ調和が取れている状態です。

・平和であることは、自分の意志の力で内的、外的なエネルギーのリズムを変えることができる状態です。

・あなたの個人的なリズムをよりリラックスした平和な状態に導くための、もっとも効果的な瞑想法は、**愛の呼吸の瞑想法**（Love Breath Meditation）です。この瞑想法は、もっと楽にパワフルに内面の聖なる本質に同調することができるように設計されています。また、その純粋なエネルギーの力が増し、わたしたちの内から世界へと流れ出し、万物に滋養を与えると同時にわたしたちに安らぎをもたらしてくれるように、特定のマントラを唱えます。この瞑想法は、グループの団結を促進したり、一体感を味わえるようにも設計されています。

・愛の呼吸の瞑想法は、ｉＴｕｎｅｓからダウンロードすることができます。（英語）
（※ほかの瞑想法もｉＴｕｎｅｓからダウンロードすることができます。瞑想法をダウンロードするにはお金がかかります。）

愛の呼吸の瞑想法の短縮版を、わたしたちのＹｏｕ　Ｔｕｂｅ番組《チャンネル》（JASMUHEEN）の meditation playlist（瞑想法のプレイリスト《再生》）のなかで、無料で提供しています。

・また、この瞑想法のイントロダクションを、Ｙｏｕ　Ｔｕｂｅ番組から無料でご覧いただけます。

※ジャスムヒーンのウェブサイトアドレス、Ｙｏｕ Ｔｕｂｅアドレス、フェイスブックアドレス等の各種サイトアドレスは、書籍発行時のものを掲載しています。また、Ｙｏｕ Ｔｕｂｅ番組、瞑想法の題名、プログラミングの題名、オーディオブックの題名等の各種題名は、著者執筆時のものを掲載しています。

平和の道2

祝福のゲーム

二番目の平和の道は、過去を認めることです。わたしたちはどこにいたのか、その先祖を示すような系統は何であるのか、または、過去においてどんな体験をしたのか、そこから何を学び取ったのかを認めることで、そのすべてから学習し、成長し、祝福されていることが分かります。この祝福のゲームを通じて過去の扉を閉め、深い次元で祝福されていることを味わいながら、新たな生命の章を始めることができます。無限の叡智の宇宙フィールドは、このエネルギーに反応し、さらに多くの祝福を降り注いでくれるのです。

実験……

「とりわけわたしの人生は、実験の連続であったと言えます。自分のエネルギー・フィールドを微調整することによって、まずはわたし自身があらゆるレベルにおいて調和的に存在することを通して、飢えを超越できるか知りたかったのです。宇宙の法則に沿って自分自身を微調整することで、ランダムにではなく、永続的に恩寵を経験できるのかとか、マトリックスのなかのわたしを微調整することで、自分がすべてを力づけるのと同時に自分自身もすべてによって力を与えられるのか、あるいは、自分自身と他者のために無条件の愛の流れで実験してみるとか、さらには『ただ流れに身を任せる』、『今の瞬間を完全に生きききる』などの概念を実際に行ってみるという、さまざまな実験を行いました」

「これらの実験は、**聖なる完璧さ**に「なる」ゲームや**聖なる結婚**にわたしを導き、インドを訪れたときは、その地で隠遁することが実によい考えであると思えました。けれども、無私の活動に身を投じている人々は、その人たちが行っているのではなく、今ここにおける人間の意識の集合体から生じているのです。というのも、わたしたちはみなその一部であるからです。わたしたちは今ここで、ともに呼吸をし、ともに生き、ともに実験し、調整しているのです――気づいているかいないかに関わらず、わたしたちを包む人生のウェブのなかで、それぞれが異なる経験と楽しみを求め続けているのです」

光の存在の友人からのチャネリング・メッセージ

わたしたちは実用的な平和の道を歩み始めました。わたしたちがみな、心地よく、調和的に生きることができる道です。

そのために意欲を持ち、準備を整え、ただシンプルに「Ｙｅｓ（はい）」と答えなければなりません。その声とともに、平和はわたしたちに近づき、昨日までの扉は閉められます。

あなた方が知ってのとおり、昨日は役目を終えました。わたしたちはこれからも進化を遂げていく、たくさんの美徳を獲得しました。扉を閉めることは、過去を手放すことの承認の行為です。そこから新たな変容が始まります。

今日という瞬間の連続は、それぞれに異なります。ヨガ行者の境地というべき、未知の次元です。あこがれ、知り、そしてさらに求めること。その姿勢こそが、新たな扉を開く出発点です。

数限りない扉があります。この偉大な宇宙の大海を占める、幾重もの層をなした、多様な扉です。自分がどんなコマンド（命令、指揮）を出しているのか意識的でなければなりません。エネルギーの流れが、あなたの要求に応えられるように。

優勢する鼓動、優勢するハート、優勢する思考、すべてが役割を担っています。

わたしたちはみな、より偉大な全体のために身を捧げています。自らの魂に目覚め、集い、他の魂をゆり動かし、ようやく今、呼吸を合わせられる新たな音楽を見つけ出すことができたのです。わたしたちの多くが待ち望んだシンプルな満足に幸せを味わう、存在の新たなあり方です。

楽しんでもいいのです。たくさんの風味があるのですから。すでにお伝えしたように、すべてはあなたが何を求めているかにかかっているのです。エネルギーの道を介して、どんなものにもアクセス可能です。ただリズムを合わせるだけです。それを分かっていれば、楽しむことができます。

ですから、わたしたちは平和の道のシリーズをあなた方に提供します。あなた方がそれを……獲得できる方法です。道は目的地へと導くものでなくてはなりません。その点について、わたしたちも同意します。たった今、誰もが目にすることのできる真実が提示されました。最高のものを獲得できるように、プログラム、意図、コマンドなどが緻密に設定されています。

ベースライン・プログラミング（基底のプログラミング）を提示したいと思います。けれども、その前に過去の扉を閉め、まったく新しい景色が広がる別の扉を開かなければなりません。今日のみなさんのためのエクササイズは、これからの毎日、ベッドから起き上がる前に、あなたのハートを歌わせるような自分自身のことについて、3つ考えてみるということです。

あなたは自分自身について、何を大切に思っていますか？　あなたはどれほど長い道のりを旅してきたでしょうか？　あなたが背負ってきた古傷や、誇りにしている傷跡もあるでしょう。多分、年も重ねましたが、内面は成熟しているはずです。（過去の傷は）どれもたいしたことではありませんが、よくよく考えてみてください。あなたは自分自身について何を愛しているでしょうか？

毎日をすっきりとした清々しい気持ちで始められるように、ベッドから起き上がる前に考える3つのことについて話しました。それが終わったら、次にあなたの愛する人たちについてしばらく考えましょう。あなたはいろんな方法で、多くの人たちとともに生きているのです。一番身近な家族とは、毎日ダンスをしています。また、偶然に出会った人たちもいれば、あらかじめ、時間の流れのなかで出会う計画をした人たちもいます。

ですから、しばらくの間、生活をともにし、あなたを愛し、気にかけ、あなたの人生に意図的に流れ込んできた人たちについて、何を愛おしく思うのか考えてみましょう。あなたが心から感謝し、あなたの扉の前に届けられた真の祝福だと感じられる3つのこととは何でしょうか？　これは他者についてです。

最後にもう一つ思いを巡らせてほしいことがあります。同じ日ではなくてもいいですが、早い方がいいです。座っているときや祈っているときに、地球を感じてほしいのです。あなたの故郷であり、あなたを懐に抱きかかえる母である地球を。

あなたが今、地球で生きていることについて、何を愛していますか？　今ここにいることについて、どんな価値があるでしょうか？

以上の9つのことについてじっくりと考えてみましょう。すべてが歌い始めるまで、（それぞれについて）一日3つを目安に考えるとよいでしょう。その内の3つはあなた自身についてです。あなたの素晴らしい点についてです。それを宣言し、あなたの扉の前にもたらされるものを変えていきましょう。

あなたが自分自身であることや、これまで獲得してきたものについて誇りに思ってください。そして、わたしたちが呼ぶところの生命の粒の女王であってください。よく統治し、賢く統制してください。そのためにまず過去の扉を閉め、あなた方が待ち焦がれていた新たな章を始めるのです。

宇宙は、聡明で感謝の念を持つ王／女王を目撃すると、そのハートを歌わせるために、より多くをもたらそうとします。そして、祝福された者は祝福を与え、祝福は、わたしたちを祝福された者にします。それが、わたしたちの提案する興味深い始まりの合図です。

3つの個人的な祝福——たとえば…

1. 呼吸の祝福とは——呼吸を通して宇宙のすべてを知り、人生経験を変容させることができます。ゆっくりと深く、美しく呼吸を整えることで、深い内なる平和を味わうことができます。

2. 愛し、愛される祝福とは、聖なる愛、人間の愛など、あらゆる愛のエネルギーの種類を感じることができます。

3. 地球に肉体を持ち、今ここに存在できることがこの上ない祝福だと感じ、人生の波とともに踊ることができます。この進化の途上にある今、肉体を持っていることで、存在することを十分に味わい尽くすことができます。

3つの他者への祝福——たとえば…

1. 人生のなかで、ともに調和と愛のダンスを分かち合う家族と友人を与えられていることが、この上ない祝福だと感じます。お互いを愛し支え合い、すべての交流を通して学び、成長することができます。

2. 多くの人たちが裁かず、開かれた心で調和的な世界をつくろうとしていることを、この上ない祝福だと感じます。今がそのときだからこそ、世界中のどこに旅をしても、たくさんの純粋で、屈託のない、賢く、愛情に満ちた人々に出会えるのです。

3. 常にわたしを導き、愛し、サポートし、活性化し、リラックスさせてくれる次元間サポート・システムがあることを、この上ない祝福だと感じます。わたしは宇宙の愛と知性の流れに祝福されています。わたしは、呼吸を通してチューニングし、愛と叡智に開かれたハートによってその領域にアクセスします。

３つの惑星・地球にいる祝福――たとえば…

1. 母なる地球が肉体を与えてくれたことを祝福だと感じます。肉体は、母なる地球が世界を体験できるように特別につくってくれたものです。
2. この肉体のおかげで、母なる地球のあらゆる形態を体験できることを祝福に思います――人や動物、植物、鉱物、空、海、水などのありとあらゆる地球の王国です。
3. くり返しになりますが、地球の進化という特別な時期に、わたしが存在していることを祝福だと感じます。

実用的なエクササイズ

・右記の詩（37～39ページ・光の存在の友人からのチャネリング・メッセージ）について瞑想してください。そこから完璧な洞察を受け取るという意図を持ちましょう。
・あなたの祝福について瞑想しましょう。
・新しい日記に、あなたの９つの祝福について書いてみましょう。
・毎朝、それを声に出して言うことで一日を始めましょう。
・心を込めて言いましょう。

・毎日、愛の呼吸の瞑想法を実践しましょう。
・以上の手順をサポートするための、より深い瞑想法をｉＴｕｎｅｓからダウンロードすることができます。（英語）（34ページ参照）

愛の呼吸の瞑想法（Love Breath Meditation）：マトリックスの内の純粋な愛のフィールド、純粋な滋養のフィールドにチューニングできるための特定のマントラも提供しています。この瞑想法は、グループの団結を促進するためにも設計されています。

平和の道3

空間の要請

自分と世界に恩恵を与えられるようにリズムを変えていくために、わたしたちは持っている力を理解し、過去から得た祝福を承認し、新たな章へと進んでいくことを決断しました。それから、一個人として、また世界としての新たな在り方へ移行していくとしたら、どのような空間を望むのかを見極めます。わたしたちがどのような現実を創っていて、どんな理由からそれをしているのかを明確に認識していることも、多大な平和をもたらします。また、自分の心に真に沿うような在り方を求めることも、万物に恩恵をもたらします。

本当の魔法とは……

「わたしたちが本物の魔法と純粋なハートを経験することに心を開くならば、それは多くの文化の背後に横たわっているものです。わたしたちは偏見、制限、恐れを超越することができます。というのも、人間の心の奥底には調和という自然なリズムがあり、解き放たれるのを待ち焦がれているからです」

「お互いの違いを讃えることができたときに、わたしたちは感謝のフィールドでひとつになることを発見しました。そのフィールドは、わたしたちの知る別のフィールド――すなわち、孤独感や分離を存続させるゴシップ、価値判断のフィールド――と相容れないものです」

「他者がその人の人生のなかで何を大切にしているのかを真に理解しようとするならば、そして、その人の目を通して人生や文化の美しさを見ようとするならば、その行為と選択は恐れと分離を両方とも消し去り、わたしたちを深い次元で結びつけてくれます」

光の存在の友人からのチャネリング・メッセージ

序文のなかで、わたしたちの全体的な意図やどんな人たちとともに行動しているのかについてお話ししたと思います。あなたが人生に驚嘆し、そのことを誇りに思うならば、「なぜ」や「どうして」という問いにじっくりと思いを巡らせてほしいのです。あなたがこれまで成し遂げてきたことを評価し、どれほど遠くまでやってきたのか認めてください。

空間の要請……

想像してください。わたしたちがまったく新しい、広大な海へと漕ぎ出したところを。その海はまるで記憶がいっぱい詰まった古代から流れる悠久の川のようです。急速に動く波間に漂っている様子を思い浮かべてください。無数の人々がありとあらゆる動きをしています。

預言者が、長いあいだ予言してきたことは、まさにこのことです。わたしたちは新たに形をなしていく空間へと入っていきます。わたしたちが正餐を取っていた「恐れ」の川という、時代の終わり、時間の終焉です。新たな領域が開いています。世界が急速に融合しはじめています。わたしたちがどんなことを信じているかによって、苦しむことも笑うこともできます。それは、わたしたちをひとつに結びつけることも、バラバラに吹き飛ばすこともできます。

ゆっくりと溶け合うことも可能です。ですから、わたしたちの融合は、祝福と真実、自由に伴われた甘美な平和の道になるでしょう。この流れはとても強いので、みんなに家に帰るように呼びかけます。それはあたかも磁気のように独自のトーンを持っています。

はい。融合するためのプログラムを行ったり、あるいは意図的にそれを要請することは助けになるでしょう。そして、わたしたちはひとつに結びつけられ、やがては溶けていくのです。気候や人々からも読み取れるように、わたしたちが行くべき方向に向かってすべてがブレンドされ、変動しているのです。

今、より素晴らしい意識の前兆がそこかしこで見られます。はい。それは存在のまったく新しいあり方、黄金の道です。

わたしたちが要請しているのは平和の道です。ひざまずくわたしたちを宇宙が流れていきます。個人として、あるいは仲間（種族）として、わたしたちが内側に何を抱えているかによって、光か闇かが反射されるのです。

あなたは今、このマトリックスのなかで完全にリラックスできるように、どんな空間を要請するでしょうか。誰もが誓いを立てなければなりません。「わたし」から「わたしたち」という海へと融合するにつれて、存在することと感じることが実は似ていることに気がつくでしょう。

それぞれが持つ異なる鼓動は、わたしたちが目にする「すべて」の前に、やがて溶けていくでしょう。痛みを伴うゆっくりとしたプロセスか、スムーズで素早いプロセスなのかは、わたしたちがリズムを変えることで選択することができます。

空間の要請……

わたしたちが話していることがあなたの耳に真実であると響いたならば、これらのことについて瞑想し、思いを巡らせてみてください。復活した者が自由となる、新たな次元を見てください。「ただ在る」ために、あなたはどんな空間を要請するでしょうか。

より高次な呼びかけ、すなわち、叡智と気づきをもって真に愛することは可能でしょうか? 多くの人が「はい、もちろん。準備はできています。わたしたちはそれが可能です。ただ、それが祝福であることを望みます」と答えるでしょう。

そのためには徹底した精査が必要です。つまり、すべての歪みを修整するために、支配的な思考のパルス(脈動、振動)を把握し、感情を浄化しなければなりません。

しかし、成功はすぐそこです。あなた方はまもなく、待ち焦がれていた栄光と歓喜を目撃するでしょう。その前に今しばらく、平和の道と聞いたときに、あなたの心の奥底でどんな感情がわき起こってくるのか確かめてください。

実用的なエクササイズ

調査・査定《アセスメント》の方法とエネルギー・ウェブの作り方、他

・右記の詩(45~47ページ・光の存在の友人からのチャネリング・メッセージ)について瞑想してみてください。そこから完璧な洞察が得られるように意図してください。

・内なる叡智、愛と力に、より深くつながれるように、**愛の呼吸の瞑想法**(Love Breath Meditation)を継続してください。そのことによって、より楽に生活できるためのガイドが得られるでしょう。(34ページ参照)

・日記に次のことをリストにして書き出しましょう。あなたは今、どのような現実につながり、時間とエ

ネルギーを注ぎ込んでいるでしょうか?

・調査・査定《アセスメント》――

＊それらはポジティブであなたを引き上げてくれるものですか?

＊あなたの支配的な思考/考え/価値観/現実のモデルは、あなた自身と地域、世界全体にとって有益なものですか?

＊あなたの現実のモデルはどの程度、恐れや怒り、疑惑、不確実さを含んでいるでしょうか? あなたはこれらのエネルギーを捨て去る準備ができていますか?

エネルギー・ウェブについて

・これらすべてを明確に調査・査定《アセスメント》するために、わたしたちの周囲のエネルギー・ウェブを調べる必要があります。

・このエネルギー・ウェブは、大宇宙マトリックス・ウェブの小宇宙であり、糸の一つひとつが絡み合っているために、他方に影響を与えます。

・厳密に言えば、すべてのウェブは多次元的であり、360度にデータ/インパルス(電流信号)を放射しています。それは次元間にも影響を与えています。

・ハブ――あなたという中心――から放たれている円は、**感情の波**を表しています。これらの波はスパイラル状になってマトリックスから放たれており、あなたからも放射されて、より大きな生命エネルギーのプールに常に**感情的な刷り込みを重ねていきます**。そしてわたしたちを取り囲むものすべてに、大な

り小なり影響を与えているのです。（50ページ　図1参照）

・同時に、お互いのエネルギー・フィールドのなかで、あなたの発信への応答として、あなたもまた他者が発信している波からの**刷り込みを受ける**のです。次の泡状の図表を見てください。（51ページ　図2参照）

・あなたの中心（ハブ）から出ている矢印は、情報――相手や状況に対してあなたが持っている思考形態や信念――を運ぶ光線を表しています。それらの情報が、あなたがエネルギー・ウェブでつながっている相手とどのような**種類**のエネルギーを交換するのかを決定づけます。（50・51ページ　図1・2参照）

・光線と感情のパルス波が、あなたがエネルギー的にどれくらい強く相手に影響を与え、また影響を与えられているのかを決定づけます。

・それからこれらの光線やパルス波が、あなたを**磁石**のように他の人たちの**エネルギー・ウェブに引き寄せてブレンドし**、お互いがさまざまなレベルで引き上げられるように働きかけます。

実用：あなたの個人的なエネルギー・ウェブ

日記のなかで、あなた自身をハブの中心とした円周のグラフ（蜘蛛の巣状）を描きます。そして、あなたの現在の人生というウェブのなかで、主要な人たちや状況を光線で表します。現時点で、それがあなたにとって援助的か挑戦的かに関わらず、あなたの人生に大きな影響を与えている人や物事だけを書き出します。（50ページ　図1参照）

図1

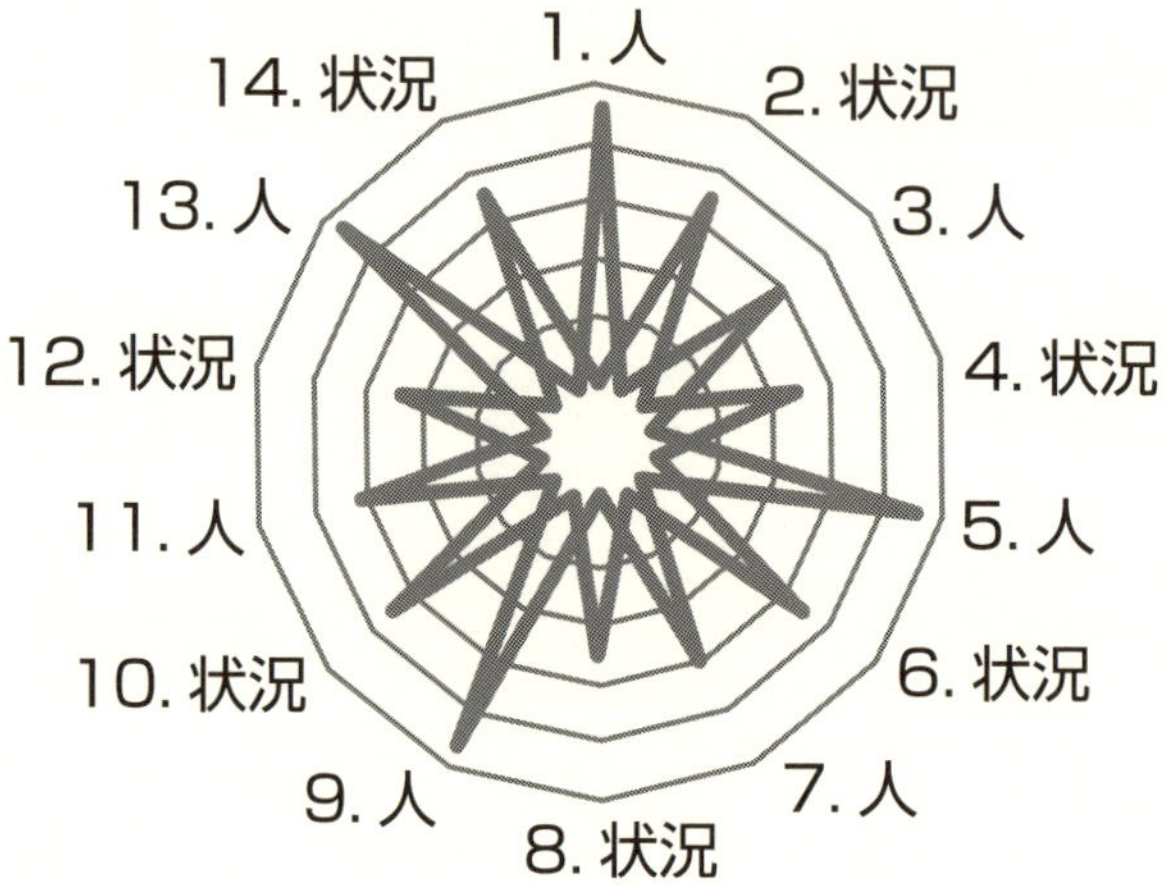

中心部（ハブ）は、「あなたという中心」、ハブから放たれている円は感情の波、パルス波を表し、ハブから出ている矢印は、情報——相手や状況に対してあなたが持っている思考形態や信念——を運ぶ光線を表しています。1、3、5、7、9、11、13は「人」、2、4、6、8、10、12、14は「状況」を表します

図2

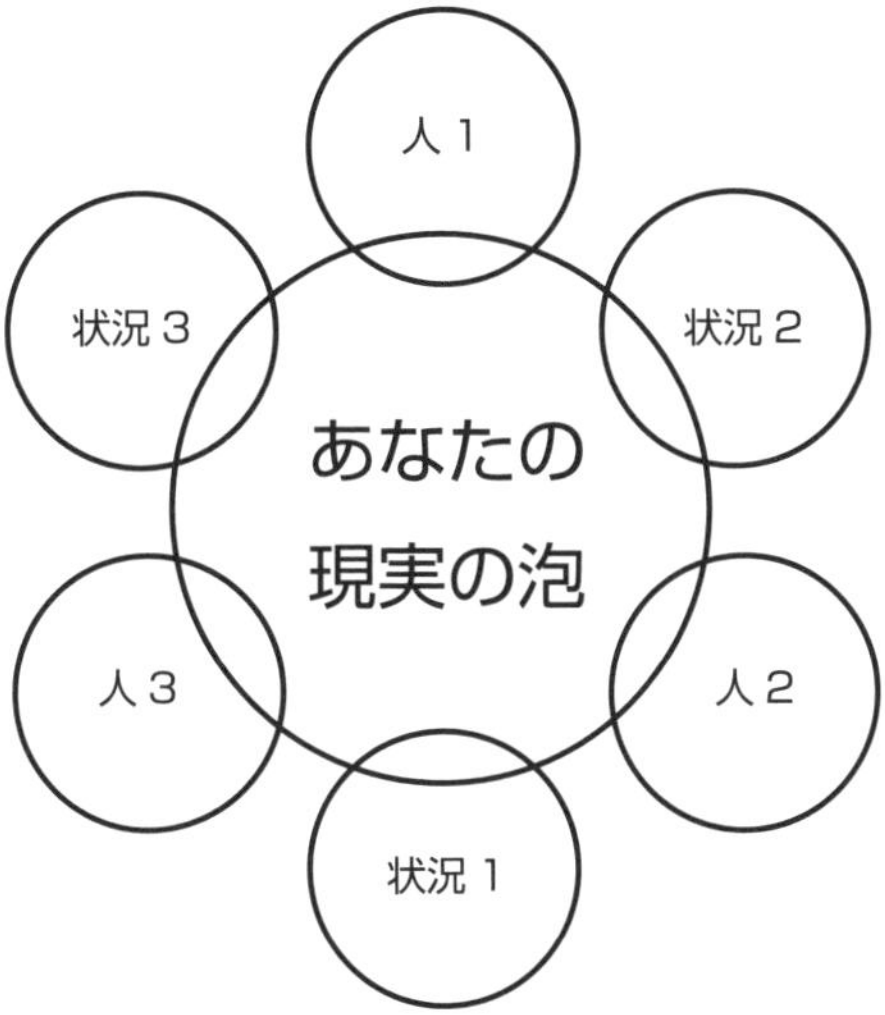

中心部は「あなたの現実の泡」を、１、２、３はそれぞれに「人」や「状況」を表します

各人や状況が固有の現実の泡（バブル）として存在しており、さまざまなレベルでわたしたちの現実の泡と交わっています。人生は常に交わり、ブレンドされていくエネルギー膜で構成されているという見方を提唱する人たちもいます

図1と図2を描き出したら、次についてチェック（✓）をつけて調べてみましょう。

・あなたの人生のウェブ上にいるどの人と状況が、調和的に働いているでしょうか？（　）

・相互によい影響をもたらしている関係はいくつあって、それはどれでしょうか？（　）

・不調和なエネルギー交換をもたらしている状況や人はどれでしょうか？（　）

・今すぐにどれがもっとも不調和に働いているのか、それぞれを1～10で判定し、もしあなたが望むならば、修正する方法を考えます。（　）

・相互に恩恵をもたらす状況や経験をつくり、ひいては、全体的により調和的な現実を磁石のように引きつけることができるようにするには、どの状況や人にエネルギーを強化するのか、もしくは引き下げるのがよいでしょうか？（　）

・こうした修正点を書き出し、それらについて瞑想することで、あなたの人生のウェブのなかで、どのように建設的な要素を加えられるのかを感じ取ります。（　）

・真摯な祈りや宇宙との対話において、あなたがどうしたら相互に恩恵をもたらす方法で、エネルギーに満ちた状況や人々のなかに身を置くことができるのか問いかけてみましょう。（　）

次に日記のなかで行ってほしいこと

・わたしたち全員にとって、まったく新しい次元、新しい時代に突入しようとしていると仮定してみてください。この新たな世界では、あなたは自分のためにどんな空間を要請したいですか？

・そこではどのような信念体系を持っていたいですか？

・この新たな世界であなたの最上の夢を実現させるために、どんな思考形態や意図を持っていたいですか?
・あなたが今日のマトリックスに要請する空間、すなわち相互に利益をもたらす新たな関係を表す空間を描いた円周グラフを、もうひとつ設計しましょう。(53ページ　図3参照)
・こうした新たな関係をつくるために、あなたは何をし、何を修正しなければなりませんか?

図3

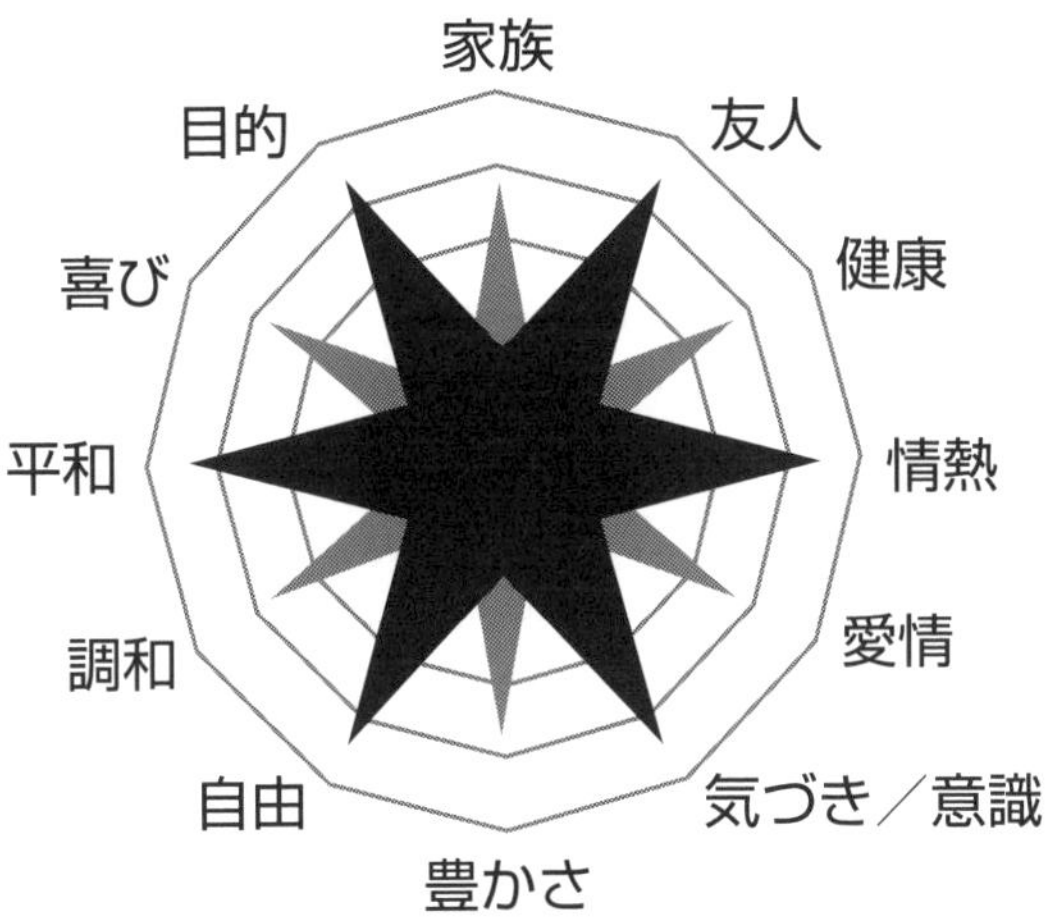

上から時計回りに、家族、友人、健康、情熱、愛情、気づき／意識、豊かさ、自由、調和、平和、喜び、目的などを表します

・新たな空間の要請のゲームを促進させるための、より深い瞑想法をiTunesからダウンロードすることができます。（英語）（34ページ参照）

アカシックレコード――あなたの人生の書庫の瞑想法（Akashic Records - Book of Your Life Meditation）：アカシックレコードにアクセスし、あなたの人生の本に目を通すことで、今生のあなたに関連することで、あなたが他の人生で獲得した美徳やそれ以外のものについて明確な洞察を得ることができます。加えて、他のエネルギーの流れを微調整することによって、今の人生をさらに強化することができるのです。

平和の道4
王国

四つ目の平和の道は、相互依存に関する意識を高めてくれます。わたしたちはみなつながっているのであり、したがって、わたしたちがどのような役割を持ち、どのような周波数を発しているかによって、互いに影響を与えているのです。

この道は、わたしたちに賢い王／女王の靴を履くように促し、自らの王国で自分がどのような影響を与えているのかを調査・査定《アセスメント》するように呼びかけています。自らの王国は、わたしたちの社会であり、真実の自己が主権を持つことやより大本の原因に接近すること、そして宇宙の法則を理解することが求められています。

わたしたちの社会や家族生活というものが、最善の状態で動いていると知ることも、大いなる平和をもたらします。

精錬化するということ……

「すべての生命に張り巡らされている愛のウェブが、あらゆる時代のあらゆる王国を通して、これまで刷り込まれてきていることをわたしは理解しました。ですから、すべての知識はこのマトリックス上に蓄積されているのであり、わたしたちが注目するものが、まだ目に見えない潜在的なウェブから顕在化した世界へと引き出されるのです」

「わたしたちがどのようにこのマトリックスをとらえ、経験するかによって、わたしたちの意識の拡張や伸縮を反映する全景が常に変わっていくのです」

「わたしたちはフィールドのなかの不調和なリズムを感じ取ったり、見たりすることができます――そこにあるパルスは、人類の支配的な意識や現状の信念体系を反映しています。わたしたちはさらにより微細な領域へと自らを精錬化させ、ともに新たな鼓動を目撃し、感じることができます」

「すべてはわたしたちが何を渇望しているかにかかっています」

光の存在の友人からのチャネリング・メッセージ

わたしたちのコンセプトを紹介しましたが、それについて思いを巡らせたでしょうか。みなさんに周知されたことを願っています。あなた方は玉座に座り、祝福を味わい、新たな空間を要請しました。そして、ただ座ったままで甘美な恩寵の流れを享受しています。

さあ、先に進むときが来ました。新たな平和の道です。あなた方は自らの王国の女王、祝福された王なのです。当然のことながら、本当の自分をよく知っていることは大切です。だからこそ、恐れやエゴの妨害を受けることなく、停滞させられることもなくゲームを楽しむことができるのです。

もし可能だと思うならば、そのマントを羽織りなさい。それはあなたが一族の王、女王となることを意味します。

自分自身のマスターになる、自分自身が統治者になると望むならば、それは完全に実現化し、満たされるでしょう。そして、その「方法」も分かります。

宇宙の法則に従い……より根源的な原因にコミットしてください。

それが顕在化しているかいないかに関わらず、あなたが自らの内なる王国の王、あるいは香《かぐわ》しき女王であるならば、あなたはどのようにふるまい、人生はどのように目に映るでしょうか？

あなたのハートに勇気はあるでしょうか？　賢く統治できるでしょうか？　あなた自身が新たに立ち現れてくるものの一部であるとするならば？

愛の本当の魔法を知ったら、あなたは深々と敬意を表するでしょうか？　あなたがかつてよく聞いていたその声に耳を傾けるでしょうか？

あなたの女性性と男性性を統合できるでしょうか？　内なる結婚のあとに、両性具有者は現れるでしょうか？　バランスをとって、インナーチャイルドとひとつになってください。溶け合い、結合し、荒々しさをなだめてください。

わたしたちの見つけたマトリックスにはリズムがあり、何かとても平和なものに満たされていて、豊かに見えます。純粋なハートを持ち、正確に見通す力があるならば、玉座に座るすべての女王と王にこれらのものが宿ります。

ですから、自分に可能だと思うならば、そのマントを手に取りなさい。あなたが一族の王、女王になるべきときがやってきました。

自分自身のマスターになる、自分自身が統治者になると望むならば、それは完全に実現化し、満たされるでしょう。そして、その「方法」も分かります。

宇宙の法則に従い……より根源的な原因にコミットしてください。

実用的なエクササイズ

・右記の詩（57～58ページ・光の存在の友人からのチャネリング・メッセージ）について瞑想します。そこから完璧な洞察が得られることを意図しましょう。

・あなたにとって有益だと思われることを、この詩から吸収してください。
・自らの王国をよく見つめ、そこで過ごす時間を味わいましょう。
・一日24時間、一週間で168時間あります。

日記のなかで、あなたの人生の重要な要素を書き出し、それぞれにどれくらいの時間を費やしているのか把握しましょう。次に、%で表してみましょう。

あなたはどれくらいの時間を使っていますか

・家族との時間に……一日何時間、週に何時間使っていますか？　それはあなたの時間の何%を占めるでしょうか？
・健康（エクササイズも含む）……　時間／週　＝　%（合計時間）
・キャリアや仕事……　時間／週　＝　%（合計時間）
・支払いや買い物などの基本的な生活維持……　時間／週　＝　%（合計時間）
・休憩時間――趣味、休息時間、自分の好きなことをする時間を含む……一日何時間、週に何時間使っていますか？　それはあなたの時間の何%を占めるでしょうか？
・友人と社交……一日何時間、週に何時間使っていますか？　それはあなたの時間の何%を占めるでしょうか？
・スピリチュアルな時間……一日何時間、週に何時間使っていますか？　それはあなたの時間の何%を占めるでしょうか？

・睡眠時間（多くの人が人生の20～30％を睡眠に費やしています）……一日何時間、週に何時間使っていますか？　それはあなたの時間の何％を占めるでしょうか？

・食事の準備、食事時間、そのあとの片付け……一日何時間、週に何時間使っていますか？　それはあなたの時間の何％を占めるでしょうか？

・職場の往復時間や子どもの送迎時間……一日何時間、週に何時間使っていますか？　それはあなたの時間の何％を占めるでしょうか？

右記のワークを終えたならば、パイのように分割した円グラフに描いてみましょう――可能ならば、各ピースに色づけをします。（61ページ　図4参照）

・円グラフについて、あなたがやっていることで重複していたり、同時にできることがあります――たとえば、友人や家族と一緒に食事をしたり、趣味を楽しみながら社交を行うといった具合です。（見てみましょう。）

・それが終わったら、グラフと時間の分割があなたの思うようにバランスよく配分されているかどうか確かめます。もし満足できなければ、変えられる部分の時間を調整し、よりバランスの良い、充実した人生に作り替えていきましょう。

図４

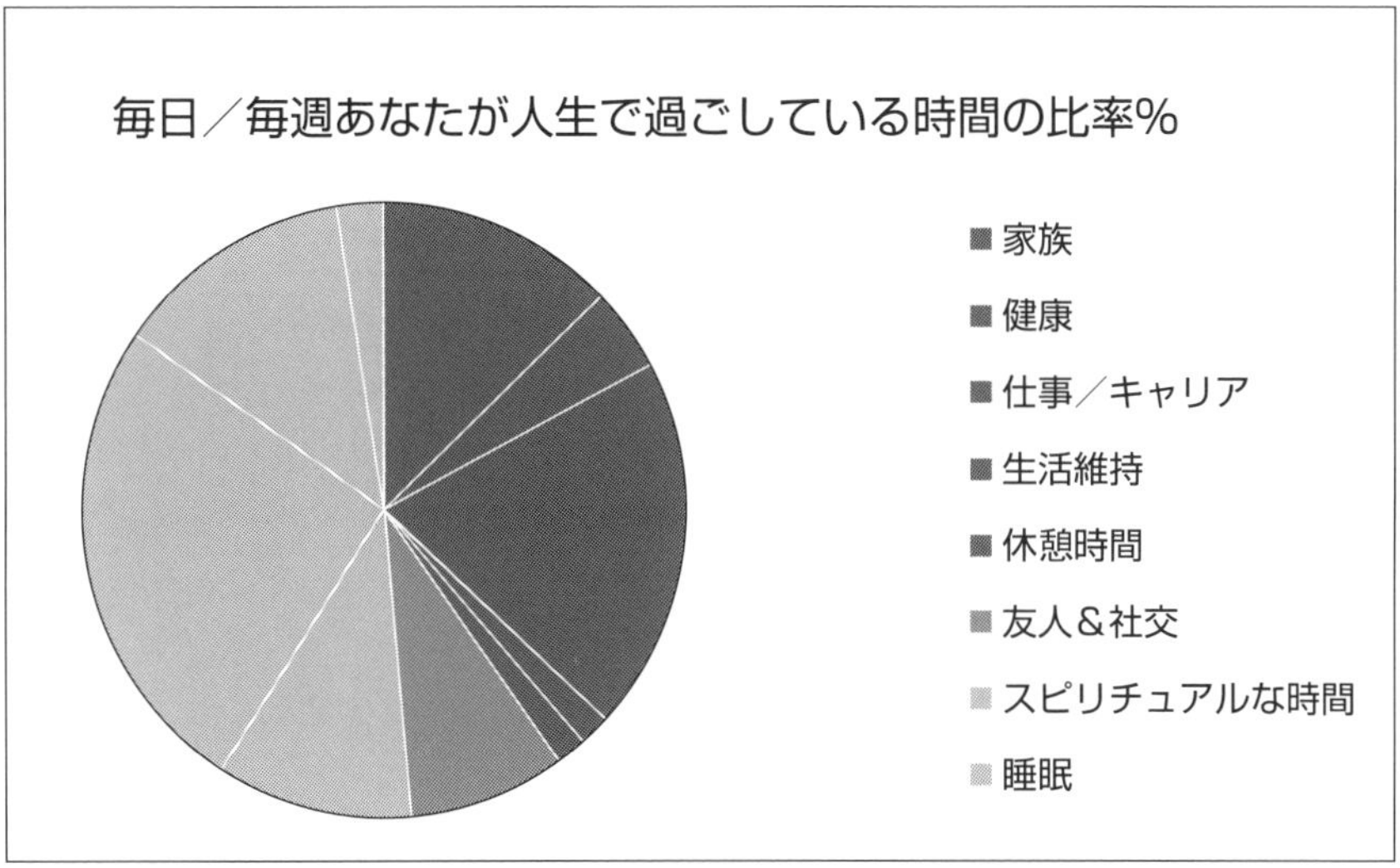

分割された部分はそれぞれに、家族、健康、仕事／キャリア、生活維持、休憩時間、友人＆社交、スピリチュアルな時間、睡眠などを表します

地域社会・家族のウェブとあなた

・空間の要請のエクササイズのなかで、自分を表すウェブを作ったのと同様のグラフ（図表）を作ります。ここでは、あなたが家族や地域社会のウェブにどのように関わっているか調査・査定《アセスメント》します。（63ページ　図5参照）

・あなたは現在、家族／地域社会のウェブのなかで、どのような現実を支持しているでしょうか？

・それぞれがあなたの人生に調和、あるいは不調和をもたらしているのか調査・査定《アセスメント》します。そして、その原因も調べましょう。

・あなたの家族／地域社会のウェブのなかで、不調和をもたらしている要素はありますか？

・それが見つかれば、人生をもっと平和に感じられるように、必要とあれば何から責任を持って立ち去るでしょうか？　この質問は、わたしたちがしばしば何かに過剰に巻き込まれていないか調べるためのものです。たとえば、成人した子どもに「手をかけすぎる親」とかです。

・すべての関わりや交流が地域社会、あるいは王国において、誰にとってもより調和的に作用できるように、あなたはどのような工夫や改善策が考えられますか？

・どうすればそれが可能だと感じられますか？

図5

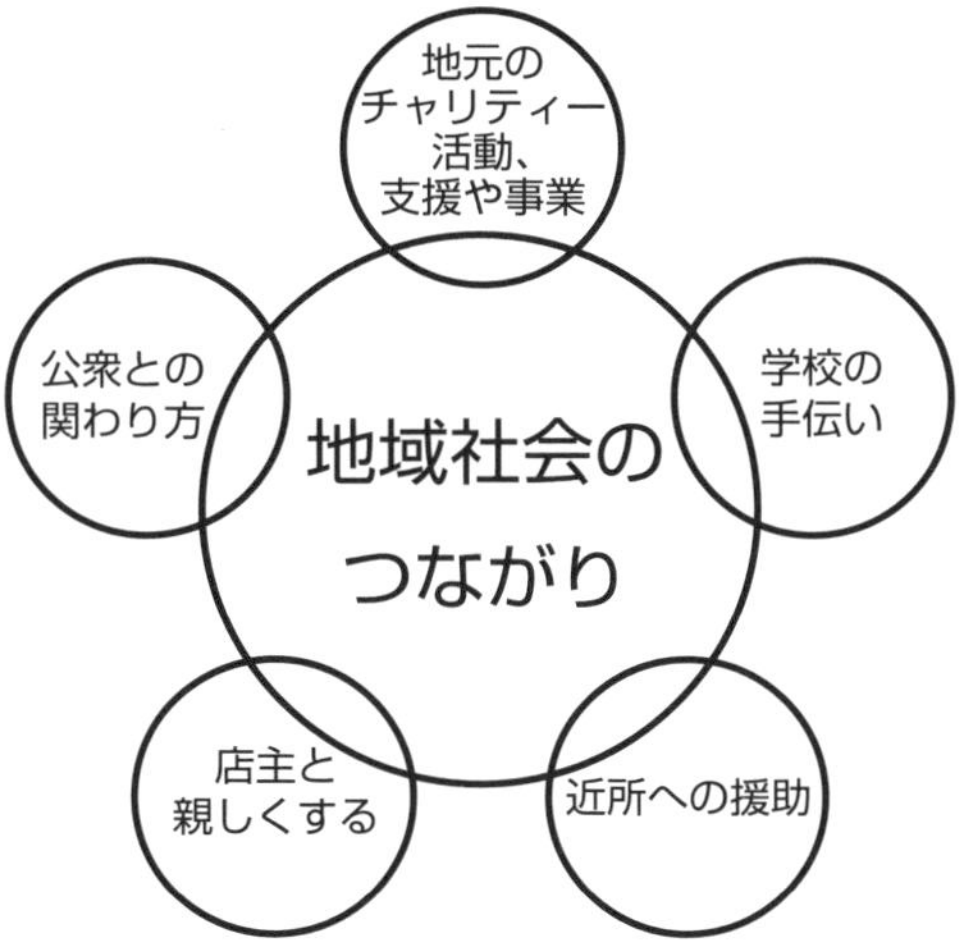

中心部は「地域社会のつながり」を表し、上から時計回りに、地元のチャリティー活動、支援や事業、学校の手伝い、近所への援助、店主と親しくする、公衆との関わり方などを表します

地球のウェブとわたし

・惑星レベルであなたが地球上でどんな活動をしているのかについて、同様の円周グラフを描きます。（65ページ　図6参照）

・あなたは世界のなかのどんな現実や主流の信念体系を支持しているでしょうか？　それらはすべての生命に恩恵を与えるものでしょうか？

・惑星のウェブとそこで暮らしているあなたの生き方で、自分にとって不調和をもたらすようなものはありませんか？

・地球上のどんな現実からあなたは「責任的」に退却したいですか？（例：ネガティブな世界の報道を見ることで、気がつかないうちに恐れのパラダイムにはまってしまうなど。）

・個人と惑星上の平和や調和のレベルを上げていくために、あなたはエネルギー的にどんな地球の現実の流れにつながっていたいですか？（例：地球に住む子どもたちへの教育や保護・養育を支援するためのチャリティー活動により多く寄付するなど。）

・惑星全体としてマトリックス上に新たな空間を要請できるように、あなたは惑星ウェブのどのような関係に調和的に貢献できますか？

・あなたはどの程度、自分にそれが可能だと感じられますか？

・個人的なウェブ上の自分のどんな特質を伸ばせば、より大きなプール（たとえば、世界・宇宙的なウェブなど）にさらに調和をもたらすことができるでしょうか？

・あなたが家族や地域社会、地球のウェブにどのような影響のフィールドを持っているのか調査・査定《アセスメント》します。

図6

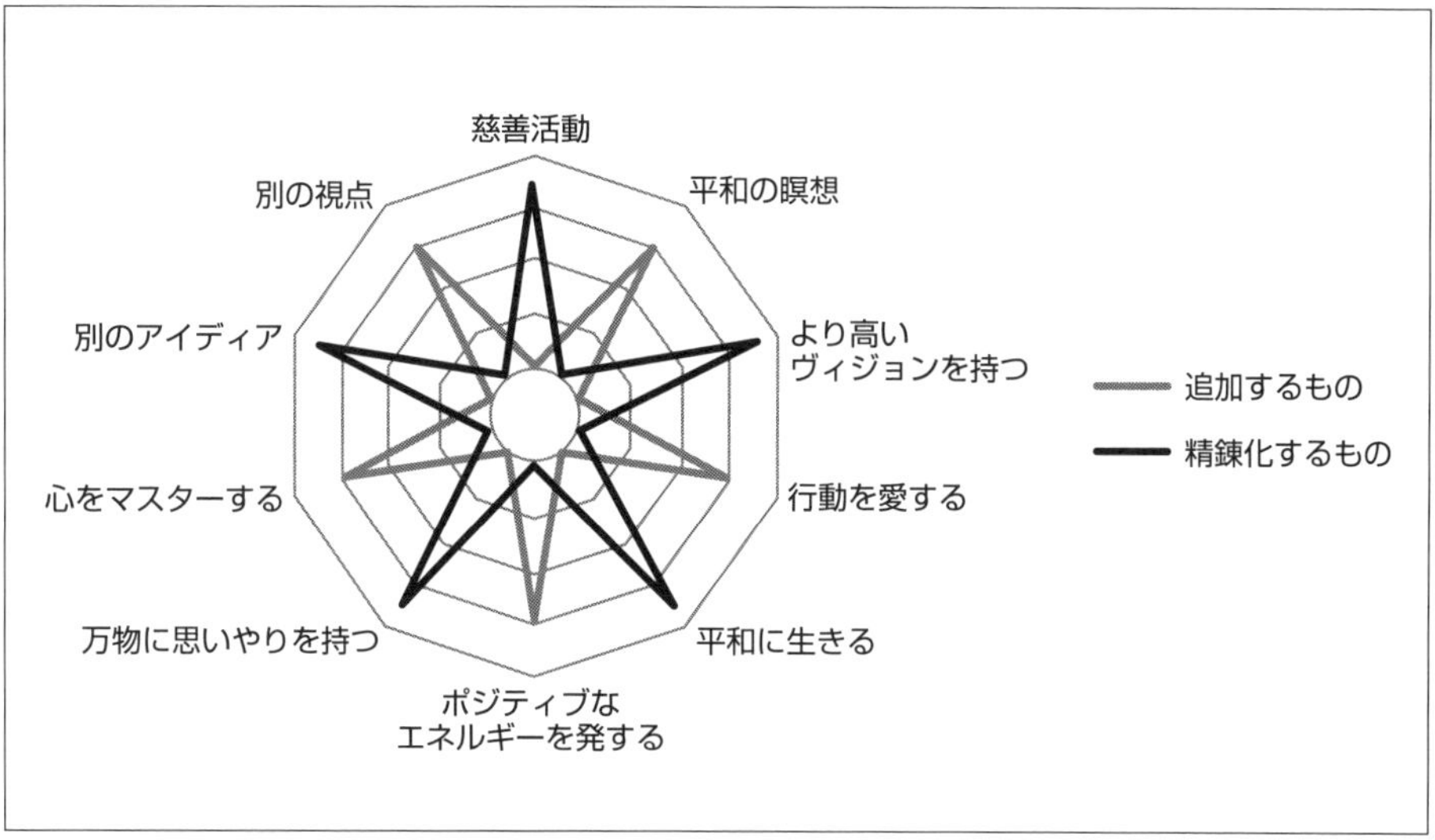

上から時計回りに、慈善活動、平和の瞑想、より高いヴィジョンを持つ、行動を愛する、平和に生きる、ポジティブなエネルギーを発する、万物に思いやりを持つ、心をマスターする、別のアイディア、別の視点などを表します

・宇宙、あるいは多次元のウェブにおいてはどうでしょうか？
・あなたはそこにどんなエネルギーを放出し、影響を与えているでしょうか？
・エネルギー・フィールドのなかで、あなたが行っていることやつくり出している現実で、他人にネガティブな影響を与えているものはありますか？　あなたの周りのものすべてがもっと調和的に平和に存在できるように、それらのエネルギーを精錬化できるでしょうか？

あなたのありとあらゆる行動がサポートされているとさらに感じられるように、またそれらの行動を新しい王国で実践できるように、より深い瞑想法をiＴｕｎｅｓからダウンロードすることができます。（英語）（34ページ参照）
・また、これらの瞑想法のイントロダクションを、Ｙｏｕ　Ｔｕｂｅ番組から無料でご覧いただけます。

エンジェルサポート・システムの瞑想法（Angelic Support Systems Meditation）：内なる次元、より高次なサポート・システムにつながるための瞑想法です——エンジェル、ガイドやその他の高次の存在から構成されており、あなたが地球で果たすべき役割を遂行するにあたって十分にサポートされていると感じられるための瞑想法です。また、あなたが恩寵に満たされた人生を実現できるように助けてくれます。

さらに、

ガイア・大地とつながる瞑想法（Gaia & Indigenous Connection Meditation）：この瞑想法は母なる地球の王国を知り、ガイアの根っこにより深くつながれるように設計されています。そのことによって、万物ともっと調和的に生きていけるようになります。虹蛇（訳註：神話や伝説上の巨大な虹色のヘビで、創造や雨を降らせる力があるとされている）の叡智や先住民の長老、時間を超えた夢の守り人／管理者とつながり、世界がより高次のパラダイムへとスムーズに移行できるように助けることができます。この時代の地球において、わたしたちは母なる地球に注意を向け、彼女が何を必要としているのかを知り、その資源をより賢く使う術を学ばなければなりません。

平和の道5

次元と選択

この道は、わたしたちがマトリックス上でアクセス可能なさまざまな次元を知ることによって、どのような次元を要請するのかが分かるようになるためのものです。

わたしたちの世界はシフトしています。わたしたちは全体としてより高次な意識へと共鳴／共振によって進化しようとしているのです。地球上のいかなる激動の最中にあっても、そのことを知り、リラックスして平和を感じていることを自分にゆるしましょう。この道は、わたしたちがどのような現実を創造していきたいのかについて明確な指針、意図を保持し、獲得できるように助けてくれます。

平和を求めし者たち

「わたしたちは星々からやってきました。はい、戦争を知っています。けれども、わたしたちはみな、純粋なハートをもってここに集まりました。わたしたちは平和を求めし者たちです。ですから、わたしたちは成長し、強くなりました。もう一度あの歌を歌うために立ち上がりました。平和を求めし者たちは、時間を超えたリズムを発見しました。わたしたちの本来の在り方で、もう一度命を始めるために」

光の存在の友人からのチャネリング・メッセージ

次元的なシフトについて

王国はさまざまな形でやってきて、マトリックス上に空間を形成します。それは、わたしたちの思考や意識の波が集まったもので、フィールドはそれに呼応するのです。

王国は小さくも貧しくも、なることができます。もしくは、より素晴らしい視野を表すように、光り輝くこともできます。すべてのシステムがフル稼働し、内面がどのような味わいを持っているかによって、それは変わります。

ひとたび王国が誕生すると、歌を歌い始めます。ギターは鳴り響き、わたしたちは適切に選択します。わたしたちは、次元を調査・査定《アセスメント》します。起きているときも、寝ているときも次元間をさまよい、じっくりと吟味しているのです。

事物は共振的です。大きな波、微妙な潮流としてやってきたり、より強く、勇敢に現れることもあります。言うなれば、潮の満ち引きのようで、わたしたちが奏でるリズム、融合を表しています。

しかし、純粋なハートをひとつにするという選択が行われたとき、広大な意識のうちにすべてが自覚的になされます。冒険は永遠に続くように見えますが、ただたくさんの枠があるだけです。心を静かにすれば、それが宇宙のゲームであることが分かります。

ここにおいて、まったく予期しない形で「存在たち」が現れ、新たな従者となってともに歩いてくれます。ハートに響く言葉を発し、力強い助け手となって、残りの道のりをともにしてくれます。彼らのエネルギーのパルスが生気に満ちているので、わたしたちは元気を取り戻し、いとも簡単にやり遂げることができます。

わたしたちを取り囲むすべてを力づけるために、明確な意図を持つことができます。そのお返しに、わたしたちが大切にしているものも活気づけられます。そうして、ハートは善となり、神が家（拠《よ》り所）となり、わたしたちはいつも、より高い福利のために働きます。ハートはクリアで優しく、すべてを理解します。より明るい展望を持った人たちに、これらの美徳や特質が備わります。多くの人たちが成し遂げています。わたし一人ではありません。今この瞬間に、わたしたちは証言し、これまでの罪を償います。

しかし、誰もがこれらの道を見つけ出さなければなりません。「わたしたち」にとって、最善の方法と時間に。はじめに、より素晴らしいゲームを見つけたいという欲求がなければなりません。ハートと頭の中に、渇望する想いが生まれなければならないのです。

すると、より優れた宇宙のヴィジョンがおのずと姿を現し、わたしたちは歓喜に沸きます。それは本当にわくわくするような道。平和をもたらすように設計され、より高次の次元に手が届きそうなとき、わたしたちは求めずにはいられなくなります。

表層意識がその手さえゆるめれば、瞬く間に方向は転換されます。手のうちの人生という名のコインを投げたとき、愛か暗闇か、自分の立場を明確にしなければなりません。

もう一度言います。そこにはコードも仕掛けもあるでしょう。ログインするためのパスワードもありますが、わたしたちが教えてあげます。しかし、最善のために純粋なハートを持っているならば、新たな近隣に向けてすべてが啓示されます。

声高な恐れと暗闇から抜け出し、無知が存在し得ない地へと移動するのです。自らすすんで立ち上がり、その先を超えて「次のゲーム」と宣言するのです。さあ、その先はどんな風味が味わえるでしょうか？

実用的なエクササイズ

・右記の詩（69～71ページ・光の存在の友人からのチャネリング・メッセージ）について観想しましょう。
・そこからあなたにとって正しいと思える洞察を、吸収できるように意図します。
・自分がどんな次元に存在したいのかについて観想します――それは、平和、健康、幸福、調和の領域でしょうか？

・内面の純粋な愛の領域を感じられるまで、愛の呼吸の瞑想法（Love Breath Meditation）を使って呼吸のリズムを整えましょう。
・このあとの章の、道8のコードとエクササイズ――成功のコード――を適用し、共鳴の科学によってあなたにとっての完璧な次元のシフトが実行されるようにします。
・「ただ在ること」もしくは、そのエネルギーというものを理解しましょう――それは今ここに横たわっているエネルギーであり、創造のマトリックスを助けるものです。ここにおいて、わたしたちは心静かに安らぎ、宇宙の意識へと開かれていくのです――創造の原初のパルスから生まれた叡智と安らぎという究極の流れです。

右記のエクササイズの助けとなる、より深い瞑想法をiTunesからダウンロードすることができます。（英語）（34ページ参照）
・また、これらの瞑想法のイントロダクションを、YouTube番組から無料でご覧いただけます。

存在性と融合の瞑想法（BEingness & Blendings Meditation）：ワンネス（一体性）のマトリックスのなかのさまざまな「在る」という状態を体験し、同じ振動数のフィールドにいる人たちのエネルギーと融合することができます。さらに、今ここにおいて、自らの聖なる本質という静寂の状態になり、完全に今に存在するということを体験します。

平和の道 6
門戸とゲートキーパー

この道では、ゲートキーパー（門番）とは何者なのかについて紹介していきたいと思います。ゲートキーパーとは、ある特定のエネルギーを放射することを通して、持続的な平和に続く正しい入り口へと、人々を案内する役割を持っている人たちのことです。また彼らは、磁気的な引き寄せの法則や、個人的なエネルギー・フィールドをどのように精錬化していくのかについて教えてくれます。

愛の真実……

「もしも、すべてがわたしたちの意識の反映であるとするならば、ある意味では、いかなることについてもコメントすることはできません。創造のマトリックスの中心にいて、その愛に吸収され、圧倒されたときの経験が唯一の真実だということに限って、意見を述べたり、洞察を分かち合ったりすることができるのです。それ以外はすべての知的な次元に退《しりぞ》けられ、その次元においてはすべてがおのおのの解釈に委ねられます」

光の存在の友人からのチャネリング・メッセージ

わたしたちは祝福と感謝の道について話しました。一日を始めるための素晴らしい方法です。そして、それがどのようにしてわたしたちを取り巻く信号を変え、祝福を呼びよせることで人生を豊かにしていくのか……についても話しました。

わたしたちは空間の要請についても話しました。より偉大な夢を抱き、マントを羽織って、王、もしくは女王になりなさいということを。あなたがどこからやって来たのかを思い出し、再びそこに還ることができるように、プログラムを提供し、瞑想すべき事柄についても示しました。

内には数多くの次元へと続く扉があります。多くのフロアが畏怖と競争に満ちています。一度何であるかが分かれば恐れはなくなります。扉は扉に過ぎません。一度入れば、すべてが明らかになります。

自分で選んだエネルギー・フィールドに足を踏み入れれば、どんな声が聞こえてきたとしても驚くに値しません。苦しみと痛みは二元性の風味です。レベルを引き上げて、自らの救い主となるのです。

高次元にアクセスするには、純粋な意図が必要です。何を意図しているかについて、思考を明瞭にします。けれども、考える主体はいつも、意図が感じる思考によって司られていることに気づきます。

あなたが融合されていない限りは、より高次の表現、最高にして自由な領域に行き着くことにコミットしてください。人生を苦に追いやるエゴや過去のしがらみ、人としての欠点の支配から逃れてください。

同じような志を持つ人たちとともにいなさい。それが最善であることは言うまでもありません。じっくりと思いを巡らせたら、求めなさい。そして見つけたものを伝えなさい。本物の平和の道は、愛の泉の奥底に横たわっています。

これらのことは、すでに多くの人が分かっています。「すること」ではなく、「ただ在ること」で満たされます。ハートの奥底から聞こえてくる声に従えば、行為のリズムが不調和をもたらすことはなくなります。のめり込むことのできる、さまざまな風味があります。それらを融合するために多くのゲートキーパーが来ています。ゲートキーパーは世界に橋を架けます。彼らは、激流のなかで、もみくちゃになることを選択する人たちの次元があることも知っています。

今は微調整のときです。あなたがどう生きるかによって、内なる扉が開かれようとしています。わたしたちはみな失敗しました。下降はあたかも恩寵からの転落のように見えますが、たいしたことではありません。メンツがつぶれた人などいません。

わたしたちは成長し、学び、実験は遂行されました。求める人の前に新たな扉が現れました。ゲートキーパーたちはチューニングされています。神のもっとも純粋な泉からエネルギーが流れ込むにまかせるには、研ぎすまされた意図が必要です。

もうみなさんが知っているように、すべては磁気のように引き寄せられます。ですから、わたしたちは、どのようにするのかということについて意識的でなければなりません。どのチャンネルにダイアルを合わせ、世界に放射すればよいのでしょうか？　わたしたちは他者を生かしているでしょうか？　それとも、エゴに好き勝手をさせているでしょうか？

ゲートキーパーたちが恩寵のチャンネルに合わせたときに、叡智と愛が微笑みます。彼らのエネルギーが拡大すると、ツールとしての純粋な信号を発し、滋養分がさざ波のようにすべてのプールに広がります。

空腹の人たちは彼らのフィールドにやって来て、本物の愛が宿る叡智の水を飲み干します。フィールドは、常にもっとも崇高なわたしたちの姿を映し出す自然な道を介して、その居住者を引き寄せます。どのようにエネルギーが出会うのかを理解することは、基礎科学や数学的特徴と同様のものです。

あなた方は門戸の存在を知り、それ以上のことを理解しています。磁力によってすべての扉が開かれます。これまでも話したとおり、調節の仕方は簡単です。確固たる意図を持って、いくつかのプログラムを適用します……確実に入ることができるように。

ゲートキーパーたちは力強く、一定の放射を維持することができます。彼らは神の魔法に祝福されたダンサーのように動きます。マトリックスを通して、彼らはパルスを発します。それは、色や純粋なリズム、甘美な音楽、見識を持った特定の光のパターンで構成されています。ゲートキーパーたちは、この新たなワルツをはじめる準備が整ったビートとパルスを持つ大勢の人たちを引き寄せるのです。

はい、わたしたちはダンスについて言及したことがあり、まさに踊っているように感じるはずです。リズムによってブレンドされ、融合していくのです。わたしたちの現在の科学で見られるような、膜融合と同様です。そのうち、ひも理論を発見し、どのようにそれが生じるのか実証するはずです。

実用的なエクササイズ

・右記の詩（74～76ページ・光の存在の友人からのチャネリング・メッセージ）について、観想してください。そこから完璧な洞察が得られることを意図してください。

・次元間のエネルギー・フィールドの科学によると、ゲートキーパーはマトリックス上の次元を通過するエネルギーの流れをコントロールできるということです。自らの発するエネルギーをコントロールすることで、あなたの外的／内的な領域を取りまくフィールドに影響を与えることができます。

・ゲートは、縮小あるいは拡張するエネルギーの流れです。この領域では、わたしたちのエネルギー体の中心部に何かが流れ込むのを阻止することができます。わたしたちの100％、もしくはそれ以下の注意を向けることで、ゲートはより多くのエネルギーの流れを引きつけることができます。わたしたちが注目するものが増幅されるのです。

・次元間エネルギー・フィールドの科学では、エネルギーの流れの収縮と拡張をゲート・イング（gate-ing）と呼びます。それは、動脈が収縮するようにより多くのエネルギーが流れるときは開き、少ないときは閉じます。

・道4の王国では、生活のなかであなたがどれくらいの時間を何に使っているのか円グラフで表しました。

・次に％で表すことで、どの領域にエネルギーを増やすべきか、あるいは減らすべきかを明確にしました。それはまさに、エネルギーの流れのゲートを開いたり閉じたりする行為と同じことです。

・あなたの思うままに、ゲートを完全に、あるいは部分的に開いたり閉じたりすることができます。そうすることによって、独自のエネルギーの混合体に調整することができます――量子フィールドはそのエネルギーに反応します。

・わたしたちが生活のなかの特定の領域に注目することで、ゲートが開かれます。注目を通してエネルギー・フィールドが増強され、何を引きつけ、引きつけないのかという磁力が設定されます。状況に応じて、エネルギーの流れを放出したり、あるいは、引き寄せたりします――両方を同時に行う場合もあります。

・わたしたちが何かからエネルギーを引き上げるときに、ゲートを閉ざす動作が発動されます。したがって、エネルギーの流れが有機的にブロックされます。注目を与えないことで、自然に道が狭まっていくのと同じことです。

日記のなかで調査《アセスメント》・査定してほしいこと

・あなたにとってゲートキーパーは何を意味しますか？　あなたが世界に放出、あるいは引き寄せている優勢的なエネルギーとはいかなるものでしょうか？　カオスか平和か、あるいは調和かそれらの混合でしょうか？

・あなたは、存在の二元的な特性を超越するために瞑想しているでしょうか？　そうであるならば、あなたは次元間の領域のなかで、どのようなエネルギーを発信／受信しているでしょうか？

・どんな思考形態や信念体系を持っているのかに関わらず、わたしたちは常にマトリックス上にエネルギーを放射しています。それからわたしたちの思考形態や共鳴によって、創造のマトリックスがどのように応答しているのかが決定されるのです。

多元宇宙や次元間の領域を感じることができるための、より深い瞑想法をｉＴｕｎｅｓからダウンロードすることができます。（英語）（34ページ参照）

・また、これらの瞑想法のイントロダクションを、ＹｏｕＴｕｂｅ番組から無料でご覧いただけます。

存在性と融合の瞑想法（BEingness & Blendings Meditation）：ワンネス（一体性）のマトリックスのなかのさまざまな「在る」という状態を体験し、同じ振動数のフィールドにいる人たちのエネルギーと融合することができます。さらに、今ここにおいて、自らの聖なる本質という静寂の状態になり、完全に今に存在するということを体験します。

さらに、あなたにとって有益だと感じられるならば、**宇宙との結合——銀河一族の瞑想法**（**Cosmic Connection - Galactic Kin Meditation**）を適用してみてください。次元間の領域の銀河一族とつながり、高次のパラダイムにおいて、どのようにして調和的な共存を楽しむことができるのかが分かります。

また、**人生の目的と約束の瞑想法**（Life Purpose and Promises Meditation）を実践することもできます。アカシック・レコードにアクセスすることで、肉体を持つ前に人生の目的についてどのような約束をしたのかを発見します。さらに、霊的な家族や自分自身をも助けるためにどのような献身を誓ったのかが分かります。加えて、人生の書であるアカシック・レコードに意識的に何かを書き加えることもできます。

奥義に語り継がれているように、人生の成功とは、すなわち万物に恩恵をもたらす方法で、人生の目的をやすやすと果たすのを喜びとすることです。

平和の道７

健康で最高の気分

この道は、深い次元で内なる平安と外界での平和を体験できるように、生活《ライフ》スタイルの８つのポイントを紹介しています。この変動の世における優れたゲートキーパーたちや奉仕者のように、わたしたちも完璧な扉を発見することができます。そのライフスタイルを実践することによって、慈悲深く利他的な人となり、世界資源にそれほど依存しなくなります。

多くの人たちにとって健康で最高の気分を味わえることは、目標ではないでしょうか。この章のあとの平和の道８では、わたしたちの肉体、感情、思考、霊的《スピリチュアル》な健康や幸福と調和のレベルを引き上げてくれます。

すべてを合わせて……

「エネルギーの流れを方向付けたり、変更したりするための方法はいくらでもあります。そして、誰もが意識的／無意識的に関わらず、それをあらゆる瞬間に行っているのです。たとえば、エネルギー・フィールドの科学者のように、わたしたちはより大きなフィールドへと特定の信号を発信するエネルギー放射のグリッド点を設定することができます。そして、グリッド点を起点にして世界へと踏み出し、他者と融合することでエネルギー・フィールドをブレンドすることができるのです。それも、ただあらゆる瞬間にともにいることを味わい尽くせばよいだけです」

「科学の観察者であっても、常にエネルギー・フィールドの融合は起こり、お互いに大なり小なり影響を受けています」

「これらすべてがガイアというフィールドで融合され、未来の方向性を決定づけるのです。そして、どのような次元に進むのか、あるいは引きつけられるのかが決まるのです。スピリチュアルな体験や現実は完全に磁力の科学に依拠《いきょ》しています――すべては意志やヴィジョン、明瞭さ、意図、ライフスタイルによってコントロールすることができます」

「わたしたちの人生、あるいは日や時間、瞬間のなかに、すべてのことがあまりにも完璧に融合することがあります」

「それはまるで、わたしたちにまつわるあらゆるもの、つまり、言葉やハート、環境さえもすべてが喜びだという素晴らしい魔法に向かって開かれ、合流していくようです」

「『ああ』という感嘆の声が起こるときが訪れました……世界のすべてが是認されます」

「わたしはまさに、この瞬間に波長を合せようと選択したのです」

健康と最高の気分を体現できるように、快適なライフスタイルのためのプログラム（The Luscious Lifestyles Program：L・L・P）を提案します――それは、８つのポイントから構成されています。

1. 瞑想
2. 祈り／量子フィールドレベルでの交流
3. プログラミングとマインド・マスタリー（マインドをマスターすること）
4. 食事を軽くし、ベジタリアンの活動を世界に広めていく――健康と思いやりの観点からも地球の資源をより有効に活用していく。
5. エクササイズを実践し、身体を神殿のように扱う。
6. 特別な理由もなく、ただそれをしたいというだけで、日々の他者への奉仕を「行う」。
7. 静かに自然のなかで過ごす時間をつくる。
8. 右記の7つに加えて、献身の想いを高めてくれるような音楽を鑑賞したり、歌ったりしてください。このような音楽は、献身のエネルギーでハートを満たしてくれます。

光の存在の友人からのチャネリング・メッセージ

周波数のゲーム——わたしたちが知っているものは、すべて周波数の流れ、すなわち常に混ざっていく光のパターンです。それは波形でやってくる愛のリズムであり、広大かつ無限に感じられます。自分自身がとてもリラックスし、解きほぐされた状態で、喜ばしい結末に向かって扉が開かれたように感じるでしょう。はい、わたしたちが住まう愛の光は、可能性をふくらませ、そのためわたしたちは、非常に意味のある人生を生きることができるのです。

1．瞑想

瞑想は、道を明るく照らし、完全なものとし、洞察に満ちたマインドと研ぎすまされた洞察を導いてくれます。わたしたちが口ずさみ、それから、故郷だということに気づく耳慣れたリズムでダンスに誘うのです。瞑想は、わたしたちを星々よりはるか遠く、高次元の領域に、近くて遠いその領域に連れ出してくれます。瞑想によって平和の道は姿を現し、声なき音でわたしたちを呼び、誘います。そのリズムはハートの愛を呼び覚まし、その愛こそが創造の公園において世界を生み出したのだ、ということを思い起こさせてくれます。

瞑想は健康をもたらし、豊かさを感じさせます。上昇し、成長する存在のあり方を。輝きなさい。一等星よりももっと明るく。あなたの本質と結びつき、融合するそのときに。

2. 祈り

祈りは多くをもたらします。心を開き、静寂のなかで耳を澄まし、感じて、そして輝くならば。それは神との交流。人生の広大な網のなかで、輝き、争いから自由になるための素晴らしい感じ方。

わたしたちのコアからの祈り。それは真摯で、偽りなき想いで、クリアに語られなければなりません。そうして祈りは受け取られ、ある日ふと訪れるのです。求めた答えと新たな方法の啓示とともに。

すべての心配から解き放たれ、疑念も恐れもなくなれば、あなたにも分かるはず。光に満ちた、クリアな存在のあり方を。それはより洗練された存在のあり方と聴き方。聖なるわたしが住まう王国を楽しむために。

祈りはわたしたちをつなぎます。あの融合の公園で。祈りはわたしたちを導きます。暗闇の川から救い出すために。わたしたちを慰め、癒し、はじめての音色を聴かせてくれます。つながり、そして本物の感情、輝かしい未来をつれてくるために。

3. マインド・マスタリー

マインドをマスターするのは、崇高なことです。それがうまくいったとき、平和が訪れます。

それを探し求めるならば、ハートの力を使い、良い考えを持ちましょう。はじめに知り、それからじっくり考えるのです。そうすれば、正しき玉座に座れましょう。

わたしたちは創造的な思想家、計画者、そしてそれ以上のもの。あるいは、聖なる扉を踊り抜ける建築家。創造主の美しいフロアで躍動的に健康に生きるのか、疲弊した魂とともに人生の被害者として生きるのかはあなた次第。

アイディアを吟味し、それから修正し、もっと素敵な映画にするために変更しました。こうして愛の王国への鍵を手にしたのです。操縦の仕方をマスターしたら、平和な領域へのコード、ログインするためのプログラムを手にしました。

新しいフロアに足を踏み入れ、存在の新たなあり方を見つけました。知性が仕えてくれるならば、与えることを考えるでしょう。ポジティブ思考だけでは不十分です。あなたが夢見ること、抱く希望をすべて叶えようとするならば。

ふるまい、意識、世界の見方をよくすることで、ライフスタイルに微調整が加えられます。すべてが現実のものへと統合されるために。クリアな道を通ることで、平和へと開かれていきました。それを見通せる人たちに、あなたの体験を語り、吟味し、分かち合いましょう。

考えの一つひとつが爆弾です。それは、熱を必要とするミサイル。グリッドに点火するか、そのまま立ち消えになるか、いずれかに設計されています。感情をそれに乗せなさい。そして、意志と意図も。すべてを差し出した真心から、天国の扉が開かれるまでは。

考えは創作物ということを、もう誰もが知っています。だからよくよく考えなさい。フロー（流れ、動き）となって空間を通り抜ける思考が、賢く、聡明に、幻想の魔力からわたしたちをまもなく解き放ってくれるように。

4．ライトな食生活

ライト（軽め）な食事は、楽ではない状態（dis-ease＝病）の誘因をつくらないと言う人たちがいます。野菜、果物、穀物を食べる、ライトな食生活はいかがでしょう。プラーナ（宇宙の生命エネルギー）で生きるゲームをする前に。ライトな食事は誰にとってもよいもの。ガイアにとってもそう。わたしたちの墜落のときも包み込んでくれたガイア。彼女の資源を賢く使うとともに、健康を維持し、長寿のゲームを楽しみましょう。ライトな食事は心も自由にしてくれます。だから、もっと創造的に、もっと慈悲深く、寛大になれるのです。はい、一年中、光（ライト）に満ちた食事をいただけば、身体は深遠なる恩寵に浸るでしょう。

5．エクササイズ――身体は神殿

身体は神殿、そのように教えられました。それは金色の本質をとらえる器。内面の奥深くに住まう光り輝く存在。そこにおいて、親戚のように身近に感じます。今や完璧な存在となって創造主と息を合わせ、そのフィールドで食事を賜るのです。

わたしたちは見、聴き、感じ、触り、嗅ぎ、そして呼吸します。笑うたびに。わたしたちはため息をつき、泣き、歌い、眠ります。身体の必要に応じて。わたしたちが住まう内面の家は、とてもピュアです。それは、魂の形。神ご自身の肌の一部と言えましょう。

身体は数えきれないくらいたくさんの方法で、念入りに修復をしています。同時に、まったく新しいこと、新鮮で広大な何かを渇望します。あるいは、二元性のマスクから自由になろうとします。

生まれては消えていくという循環のなかで、身体は真新しくつくられ、すべての赤ん坊は輝き、気づき、そして知っています。その純粋な魂は目覚め、しっかりと身体に根を下ろし、愛の深い川に浴しているのです。身体はわたしたちの神殿です。神の楽しげなベッドの上で、ただ遊べばよいのです。

6. 奉仕

奉仕することは喜びです。それは、アセンション（次元上昇）の道上にいる進化した種の事実です。すべて知りながらも、ここにいたいのです。覚者はそれを、人生の風味と呼ぶでしょう。何も考えずに、ただ仕えること。したいからというそれだけの理由で。今がそのときだから、という他にありません。愛のリズムに向けて純粋なハートが開かれます。他者に与えたい、滋養を与えたいという想いに押し出されたときに。

思いやりを持って相手を気遣うということ。あらゆる瞬間に仕えることができるように。そして、大胆にエゴと欲とプライドをすべて手放すということ。内面の善に目を向け、互いを包み込むことができるように。わたしたちは銀河の一族。遠いところからやってきました。マスターのように仕えるということ。真実の愛の磁力のように、みんなを引き寄せてひとつにし、この惑星を変えていくのです。

7. 静寂――自然のなかで過ごす

自然のなかで静けさと過ごす。いいえ、どこにいても静寂はあるはず、ただ耳を澄ませて星を観察すれば。

ただ一人、静寂の内にいれば、何かが大きく開き、あなたにも感じられるはず、内面に流れるその愛を。豊かさに宿る美に目を向ければ、そこは自然の王国、人の音及ばぬ場所。静寂の目撃者となりましょう。ただ耳を澄ませて、神の声を聞く。すべてが純化された静けさのなかで。

山は語る、風も語る。川は話し、鳥は歌う。メッセージがやってきます。早いか遅いか、それはあなたの静寂と情熱しだい。

こんなにも愛しきこの世界。すべてを見尽くし、聴き尽くし、感じ尽くしたい。

それが静寂の美。

8. 献身の音楽

心を注いで歌ってください。甘美な鼓動が聴こえるでしょうか。耳を澄ませ、それから感じましょう。内なる神のワルツを。驚きと驚嘆があらゆる門で待っています。だから歌いましょう、心を込めて。天使が控えているから。

愛し尽くす、新しい自分になるために。献身の音色で、心からの歌を捧げましょう。それこそが、平和の地平が見える道。古来より引き継がれた真実の道。

愛の歌に耳を澄ませる。真心込めて、大きな声で歌いながら、愛の雲の上を歩いています。純粋なトーンに合わせ、もっと深く感じてみる。ダンス・フロアを献身の心で満たせるように。

リズムは優しく穏やかで、満たされています。ノスタルジーに浸りながら、愛の天幕に安らぐよう。さあ、歌おう、心を込めて。甘美な鼓動を感じながら、神のワルツにあなたのハートを重ねて。

まとめ

瞑想、祈り、音楽、その他多数は、あなたの扉に甘美なエネルギーを運んできます。上質で微細なその流れは、脳を点火し、苦痛なき領域を開示してくれます。ライトな食事にエクササイズ、奉仕の行為を加えるとよいでしょう。身体を神殿のように扱い、ホリスティック（全体論的、有機的）な視点で見つめましょう。美しい自然のなかで静寂に浸り、一なるものを感じなさい。それは、あなたの内に宿る神性。これらの方法はわたしたちをひとつにし、調和をもたらしてくれます。そして、真実のリズムとして、幸福が姿を現します。

「万人の幸福を願う気持ちとそれを獲得する権利が平等であることを認識すれば、瞬時にあなたは共感し、彼らに親しみをおぼえるでしょう……」

ダライ・ラマ法王『わが霊的な自叙伝（My Spiritual Autobiography）』より

健康で最高の気分についてのさらなる洞察

「あなたが時間をどのように使うかによって、幸福度が決まります。ですから、自分に合った方式を見つけ、実践しましょう。その魔法の方式は、あなたがフィールドに発するエネルギーを変えます。それによって、フィールドがあなたにどう応えるのか、あるいはどのようにあなたが恩寵や幸福を経験するのか、またはあなたが世の中に与えるインパクトの大きさなどが影響されるのです」

健康と最高の気分を味わうために、個人的にも世界規模でも、わたしたちにできることはたくさんあります。次元間フィールドの科学は、周波数のゲームや個人的な振動数の調整を扱います。個人的な平和が世界平和につながることをわたしたちは知っています。

あなたの生活を振り返り、次の点を確認してみてください。

・あなたが健康で幸福、調和的で愛情と恩寵に満ちた人生を送るために、持続的に時間を注いでいるでしょうか？　散発的な時間の使い方をしていませんか？

・あなたの人生で、今調整が必要なのは何でしょうか？　周波数のレベル、意識的なレベルで考えてみましょう。調整することで、あらゆるものと調和的に生きることができます。

・瞑想することで、脳波を忙しいベータ波からリラックスした健康的なアルファ波に、さらにはより深いシータ波にすることができるでしょうか？　そして、それがもたらす健康という恩恵を体験できるでしょうか？

・わたしたちはこうした脳波を、維持することができるでしょうか？　無限の愛と叡智の宇宙フィールド（Universal Field of Infinite love and intelligence：U・F・I）は、異なる反応を返してくれます——最高の平和、幸福、満足感、愛、真実のもっとも深いエネルギーの流れを経験させてくれるのです。

くり返しになりますが、あなたが何を求めているのかに委ねられています。この平和の道は、あなたのフィールド内のエネルギーの混合をどのように変化させていくのかについて具体的な方法と知識を示すことができます。それがひいては、あなたの人生の経験とその人生が他者に与える影響を変えていくのです。

快適なライフスタイル・プログラムの8つのポイントを実践することで、それを可能にします。この8つのポイントをあなた自身や所属する団体、地域社会に活用してみることをおすすめします——はじめは1週間からスタートし、2週間、3週間、それから生活のスタイルとしてしばらく続けてみてはいかがでしょうか。しばらくすると健康面や幸福感が上昇し、より調和的になることでその恩恵を実感することができるでしょう。人生すべてに感謝の念が湧いてくるまで、このライフスタイルを続けてください。あなたは、平和の道の最高の理想を体現し、実感することができるでしょう。このライフスタイルによって、自分自身についてより深く知り、あなたが人生の統治者となるのです。

このライフスタイルが、あなたにとっていつ完璧に作用しているのか、はっきりと分かるでしょう。というのも、あなたの人生が恩寵で満たされており、すべての祈りが感謝の祈りとなるからです。ハートは感謝の想いでいっぱいとなり、宇宙に対して「ありがとう」という言葉しか出てきません。

叡智に富んだ宇宙が聖なる存在として、どのようにあなたの人生に応えてくれるのかを目撃すること、愛と知恵のフィールドとしてどういう風にあなたに流れてくるのかを感じること、いかにして簡単にエネルギーを変えることやあなた自身の進化の流れを変えることができるのかを知ること——これらすべてが非常に魅力的なパラダイムを構成しています。

はい、わたしたちの聖なる本質から注がれる至福の滋養を、深いレベルで体験できるための道と実践的なプログラムがあります。はい、わたしたちの注目やライフスタイルを通して、その聖なる本質に自分自身をチューニングすることができるようになります。

実用的なエクササイズ

・右記について観想し、あなたが必要とする洞察を完璧に得られるように意図してください。
・愛の呼吸の瞑想法（Love Breath Meditation）を継続し、感情と心の渇望が平和で満たされるようにしましょう。
・ライフスタイルの８つのポイントを実践してみましょう。このライフスタイルについてもっと深く学び、平和の使者としての課題を遂行してください。
・自分自身のエネルギー・フローで遊んだり、実験したりしてみましょう。あなたの人生に常に恩寵を招き入れることができるようになったでしょうか？　あなたの放射するエネルギーは、あなたを取り巻くすべてに滋養を与え、世界に恩恵をもたらしているでしょうか？

・そして、このあとの章の、平和の道8の「成功のコード」を理解し、実践することで感情的、精神的、霊的《スピリチュアル》な健康を手に入れられます。

右記のワークを助けるための、より深い瞑想法をiTunesからダウンロードすることができます。（英語）（34ページ参照）

・また、これらの瞑想法のイントロダクションを、YouTube番組から無料でご覧いただけます。

宇宙ケーブルを接続するための瞑想法（Cosmic Cable Health Hook-In Meditation）：あなたの健康と生命力を増強できるように設計されています。また、滋養につながっている宇宙ケーブルに、あなたのエネルギー・システムを接続し、身体に栄養と活力を与えます。

臓器からのメッセージを受け取る瞑想法（Organ Message Meditation）：心と身体のつながりを回復するために設計されています。身体が発する声に耳を傾け、臓器から特定のメッセージを受け取ることで、身体と感情の健康と活力を取り戻します。また、バイオレットの光の滋養を使って、各臓器を回復させ、再調整します。

平和の道 8

成功のコード

道8は、詳細なプログラミング・コードと実用的な洞察を提供しています。宇宙の共鳴の法則の磁力で引き寄せる性質を介して、平和に満たされ、充実した人生を創造します。

成功のコードは、力を持つ言葉です。それは、量子フィールドに働きかけることで、わたしたちの人生にエネルギーを方向付けることができます。

意図……

「意識と教育は可能性の領域を開き、明瞭な意図を持つことで、新たなエネルギー・フローをわたしたちに引き寄せ、そこから滋養を得、融合し、一つになることができます。このフローの強さと属性、力を手に入れることができるかどうかは、わたしたちがうまくそれを扱えるかの力量と、周波数が合致しているかにかかっています」

「したがって、マトリックス上の波がわたしたちに運搬する情報のすべてを受け取ることができるように、意図と呼吸も個人的なフィールドと同調していなければなりません。まず意図が扉を開き、呼吸がどこに方向付けるのかを決定し、意図の主体へと磁力で引き寄せます。波がわたしたちを通り抜けるとき、わたしたちに合致した情報のみが獲得され、あとは流れ去ってしまいます」

選択について

光の存在の友人からのチャネリング・メッセージ

マインドのスイッチを入れ、強く明快な歌を歌います。その言葉は力強く、道しるべとなりましょう。ハートを開けば、アクセスできる真新しい毎日があります。真理と共鳴した考えとともに、役割が担えたときに。

あなたのなかのビットをオンにして、明るく輝かせましょう。脳を起動し、右脳と左脳のバランスを整えて。

内なる次元への扉があります。それは、日が長く、歌にあふれ、本物の喜びがある領域。愛という名のパルスは、夜を知らず、平和に満ちた鳩のように、知性はそのハートを見せましょう。多くはここで出会い、脳が輝き、ハートも開きます。フィールドが溶け合えば、灯《とも》が灯るのです。選択……そう、選択だけ……明けても暮れても選択……もっと明るい毎日のための……真新しいゲームがあります……真実の愛がとどまります……そう、真実の愛だけが……選択……そして選択……。

成功のコードのイントロダクション

わたしはここ数十年のあいだ、プラーナで生きることによって、いくつかの興味深いことを学びました。わたしたちが十分に開かれ、内面の聖なる性質が与える贈り物のすべてを受け取る準備が整っているならば、自分と世界へと同時に恩恵を与える、というまったく異なる次元の成功に人生が導かれていきます。

肉体や感情、精神、霊的《スピリチュアル》な欲求と渇望から自由になることで、平和の道を楽しむことができるようになります。わたしにとって、それはすべてを凌駕《りょうが》するものです。けれども、このような種類の成功を手に入れるためには、誰もが通らなければならないステップがあります。

思考に適用するコードが必要ですし、真心を込めた明瞭さと意図がなくてはなりません。さらに他章の平和の道で紹介したように、ライフスタイルを精錬化することも重要です。

成功の定義はさまざまです。ある人にとっての成功は、別の人にとってのそれとはまったく異なります。たとえば、個人的なライフスタイルの微調整のために行う、選択の自由というささやかな成功があります。つまり、氣、プラーナ、肉体レベルの食事とか、わたしたちがどこから栄養を摂るのかを選ぶことができるという自由です。このようなレベルにおける成功は、本当に多くのものをもたらしてくれます。というのも、わたしたちの聖なる本質は思いがけないようなたくさんの贈り物を授けてくれて、それがまったく新しい内面のOS（オペレーション・システム）を起動することをゆるすからです。

OSとは、わたしたちが、基調となるプログラミング・コード、思考形態、あるいは優勢的なパルスと呼ぶもので、人生で通過する特定のエネルギー・フィールドや、現実というバリエーション豊かな映画のなかを導いてくれるものです。

わたしたちが成功のコードを見るときは、自分がどんな成功を望んでいるのかについてじっくりと考え、いくつかの点を調査・査定《アセスメント》する必要があります。

わたしたちの存在のあらゆるレベルを想定したときに、本当の成功とは何でしょうか？

どんなことに成功することが可能でしょうか？

わたしたちが参入できる可能性のフィールドは、どんなところでしょうか？

多くの人が右記のようなテーマについて取り組み、自分がどんな考えを持っていて、何に注目を与えているのかを明確にすることが求められます。自分が何を感じているかをはっきり分かっていると、人生が成功しやすくなります。そうすることで、愛と叡智の無限の宇宙である聡明な量子フィールドは、わたしたちの内と取り囲む場がもっと好ましいものに近づくように、自らを並び替え、別のエネルギー・フィールドを形成するのです。

わたしたちがいつもワークのなかでシェアしているように、自分だけではなく、世界全体とそこに住むすべての創造物（人も含む）に、恩恵がもたらされるような願いを持ち、現実化するように意図すると、もっと簡単に、より多くの恩寵が引き寄せられる形で叶えられます。

ですから、ベースライン・プログラミング・コード（基底となるプログラミング・コード）は次のようなものです。

「わたしはハートを開いて、出会っていくすべての人たちと聖なる本質同士でつながっていきます。したがって、わたしたちが分かち合うものすべては、いつも万物にとって最高の善となります」

他にも次のような成功のコードがあります。

「わたしがわたしであること、すべては、この世を力づけるものであると同時に、この世のすべてが、わたしがわたしであることを力づけてくれます」。このコードは、こうした現実――相互に力を与え合う一体性の領域――を反映するような次元を引き寄せるように設計されています。

これらの二つはシンプルだけれども、非常にパワフルな基底をなすプログラミング・コードです。それによって、宇宙はわたしたちが求めるものを与えるために、わたしたちの内と取り囲む領域を作り替えてくれるのです。こうしたプログラミングは、ただ「わたし」としての願いよりも、より高いパラダイムにフォーカスした方が成功を可能にしてくれます。

このシリーズでも取り上げているように、わたしたちがまったく新しい次元の存在のあり方へと上昇し、進化を続けているなかで、現時点での人間の生体システムに何が入手可能かということです。

わたしたちの目下の二元的な感じ方の次元では、成功とはおそらく次のようなことを意味するのではないでしょうか。健康的に生きるとか、調和的に生きる、自分の内にも取り囲むものにも深い平和を感じる、関わる人みんなにとって最善がもたらされるような方法ですべての人と関わりたいなど、こうした類いの現実ではないかと思います。しかし、わたしたち一人一人に求められているのは、あなたにとって真の成功が意味するのは何かということを、真剣に見つめることです。

あなたが愛に恵まれていることや豊かなヴィジョンを持っていること、健康にも友達にも恵まれていることなども、成功した人生を送っている印になると思います。

また、わたしたちがＹｏｕ Ｔｕｂｅ番組のmeditation playlist（瞑想のプレイ《再生》リスト）のなかで提供している、人生を明確にするための瞑想法（LIFE CLARITY MEDITATION）の動画をご覧いただくことで、よりはっきりと知ることができるでしょう。（33ページ参照）

右記のコードを用いることで成功を実感し、心からリラックスできるようになるので、何が本物の平和の道なのかが分かると思います。そして、わたしたちのエネルギー・フィールドを動かしているプログラムが、顕現のための完璧な次元に連れて行ってくれることを実感するでしょう。そこにおいて、ハートは解放され、歌い出します。そして、わたしたちは深い次元の祝福された平和を味わえるのです。

次のページからは、人生のあらゆる局面に成功をもたらす可能性を秘めた、特定のプログラミング・コードを紹介しています。

成功のコード――上級者向けプログラミング

次のコードは、あなたのバイオレットの光のコクーン（繭）に埋め込むとよいでしょう。そうすることで、外的な脳となって、量子フィールドにクリアな信号を発信してくれます（詳細は、本章の終わりに書かれています）。

聖なる成功

＊あなたの聖なる本質を現すライフスタイルを送ってください。
＊内なる鼓動に同調することで、もうすでにアセンション（次元上昇）している本質を顕現させ、マスターのようにふるまいましょう。
＊自分がどのような時間の使い方をしているのかについて、自覚的であってください。あなたの聖なる本質を経験できるような時間の過ごし方をしてください。

次の成功のコードについてじっくりと考察してみましょう。必要であれば変更し、心を込めて宣言します。

＊コード1：わたしはいつも聖なる「I　AM（アイ・アム：われ在り）」をあらゆる瞬間に表現し、万物と調和します。

＊コード2：わたしは自分のエネルギー・フィールドを開き、創造のマトリックス上のすべての高次元のエネルギーの流れに調和的にブレンドします。そのことによって、地球上に平和と調和が実現することをサポートします。この平和と調和の大海で、わたしは今満たされています！

平和&情熱

＊あなたが最大限に、聖なる本質のもっとも深い平和を経験できるようなライフスタイルを送りましょう。

＊内なる鼓動に同調することで、もうすでにアセンションしている本質を顕現し、マスターのようにふるまいましょう。

＊自分の時間の使い方について自覚的であってください。永遠の平和を経験できるような時間の過ごし方をしてください。

次の成功のコードについてじっくりと考察してみましょう。必要であれば変更し、心を込めて宣言します。

＊コード1：わたしはあらゆる瞬間に、万物に恩恵をもたらす方法で、平和と愛、叡智を調和的に表現できるように、聖なる本質に導かれています。

＊コード2：わたしは常に、存在のあらゆるレベルで完全に平和です。わたしは常に賢く、気づいており、愛で満たされています。

愛の成功

＊毎日、愛の呼吸法*を行い、もっとも深い、内面の純粋な愛の領域に自分自身をチューニングしましょう。
＊あなたの人生のあらゆる局面で、自由に愛を与えると同時に、愛とサポートが返ってくることを期待しましょう。
＊あなたと他者の両方が無条件の愛を経験でき、楽々と楽しく優雅に無条件の愛について学べるように依頼しましょう。
＊あなた自身が愛のリズムになるのです。

次の成功のコードについてじっくりと考察してみましょう。必要であれば変更し、心を込めて宣言します。

＊コード１：わたしは常に、存在のあらゆる側面に完全に滋養を与えるもっとも深い純粋な愛の領域を経験し、しっかりと根を下ろしています。わたしのあらゆる人間関係はこの愛で満たされています。
＊コード２：わたしはハートを開いて、出会っていくすべての人たちと聖なる本質同士でつながっていきます。したがって、わたしたちが分かち合うものすべては、いつも万物にとって最高の善となります。

＊愛の呼吸法
息を吸いながら「私は愛です」と唱え、息を吐きながら「私は愛します」と唱える呼吸法。ジャスムヒーン著『神々の食べ物―聖なる栄養とは何か』（ナチュラルスピリット刊）より。

ロマンス&セックスの成功

＊毎日、愛の呼吸法を行い、もっとも深い、内面の純粋な愛の領域に自分自身をチューニングしましょう。
＊タントラの一体性を学び、実践してください――平和の道10を参照してください。あなた自身が愛のリズムになるのです。
＊自分自身を本当にいたわり、育てる方法について学んでください。パートナーがいなくても充実した人生を創造してください。もうすでに満たされ、幸福で平和な人生を送っているように過ごしてください。なぜなら、あなたはこれらを獲得できるライフスタイルを生きているからです。

次の成功のコードについてじっくりと考察してみましょう。必要であれば変更し、心を込めて宣言します。

＊コード1：シングルで、自分にぴったりのパートナーを探している人たちに向けて――わたしの世界は、スピリチュアルな認識を持ち、聡明で、愛情深く、シングルで、対人能力が高く、心が開いていて、思いやりがあり、タントラ的素養のある男性（あるいは女性）で満たされています――など、あなたがまさに望んでいるパートナー像について観想します。
＊コード2：わたしは、自分の内とパートナーとのあいだで聖なる結婚を体現します。
＊コード3：わたしは、タントラの一体性を経験します。

健康の成功

＊あなたのライフスタイルで実験しましょう――違いを感じ、実践し、必要な部分は改善しましょう。
＊自分自身を知ること――自分の聖なる本質、アセンションした特質を経験できるように求めましょう。
＊幸せであること。そうすれば、健康はついてきます。
＊平和の道7の快適なライフスタイルの8つのポイントを活用し、肉体的、感情的、精神的、霊的《スピリチュアル》に、より健康な状態を手に入れます――あなたに合うように調整してください。
＊修練や意欲を高めてくれる天使や霊的なガイドに助けを求めましょう。

次の成功のコードについてじっくりと考察してみましょう。必要であれば変更し、心を込めて宣言します。

＊コード1：（例：何に時間を使っているのかに関わらず）わたしは存在のあらゆるレベルで完全な健康を楽しみます。
＊コード2：わたしは健康で、神々しく、美しい存在です。わたしは自分の身体を愛していますし、身体はわたしを愛しています。

仕事の成功——聖なる目的を果たすということ

＊あなたの仕事を奉仕ととらえましょう——それが進化に貢献し、あなたと世界を引き上げることを意識します。

＊そのような目的を果たす仕事が与えられるように宇宙に要請し、楽々と楽しく、優雅にあなたの聖なる青写真が遂行されるようにお願いします。

次の成功のコードについてじっくりと考察してみましょう。必要であれば変更し、心を込めて宣言します。

＊コード1：わたしの地球上における聖なる目的を果たすための新たな一歩一歩が、必要に応じてはっきりとわたしの前に提示されます。

＊コード2：わたしが遂行することのすべてが、あらゆる人から愛され、評価され、尊ばれます。

＊コード3：わたしはチームとして、完全な内なる次元、外的な次元と調和的に協働することを楽しみます。

富の成功——聖なる豊かさ

＊あなたにとって富が何を意味するのか吟味しましょう。愛情、知恵、明晰さ、ヴィジョン、健康の豊かさなどがあります。

＊あなたが愛することに人生を捧げましょう。

＊ポジティブな進化を助けるためにあなたが時間を使うときは、あらゆるレベルにおいて宇宙があなたをサポートしてくれることを期待しましょう。

次の成功のコードについてじっくりと考察してみましょう。必要であれば変更し、心を込めて宣言します。

＊コード1：万物の最善のために世界に創造することのすべては、無限の豊かさからサポートされ、わたしはそれを楽しむことができます。

＊コード2：わたしに最善をもたらす豊かさに、人生が満たされています。

成功の顕現――ハートの最奥の願いとは

＊何があなたのハートを歌わせるのかを理解し、経験しましょう。

＊聖なるハートが微笑むことを体験できるような生き方をします。

＊あなたのハートの最奥の願いについて観想します。

＊喜びと優雅さを持って、それが叶えられるように宇宙にサポートを要請しましょう。

次の成功のコードについてじっくりと考察してみましょう。必要であれば変更し、心を込めて宣言します。

＊コード1：わたしは、ハートの最奥の願いが調和的に聞き入れられたことを経験し、楽しみます。

さらに……真心を込めて、次のような**追加的な**成功のコードを宣言します。

宇宙のなかで

＊わたしは永遠に持っています（これは不死のマントラの一つです――わたしたちの時間との関係を変えてくれます）。

＊わたしは、もっとも深い平和と充実感のうちに存在しています。ハートの最奥の願いと奉仕の計画を楽しみながら遂行できます。

＊わたしが何をしようとも、明晰さと叡智、喜び、平和、創造性が手を取り合って満たしてくれます。そして行動のすべてに愛と叡智、喜びを注いでくれます。

＊純粋な意図と魂が込められたわたしの仕事はすべて、地球の人たちに受け入れられ、調和的に活用されます。

＊わたしは愛と叡智にあふれた社会奉仕ネットワークの一員であり、地球とそこに住む人たちが調和的にアセンション（次元上昇）するのを助けることができます。

＊わたしたちみんなの最善のために、他者が試みた仕事や奉仕、計画のすべては人類の進化に恩恵を与え、天国と平和の共同創造に役立っています。そのすべてが今、愛を持って受け入れられ、調和的に結実されようとしています。

＊地球は今、永遠の平和の境地にいます。

パワー・マントラ

＊また、マントラや意図の力を理解してください。たとえば、聖なる愛と叡智、パワーのチャンネルを調整するために、次のようなマントラを使います。

＊わたしは愛、わたしは永遠、わたしは無限大

＊あなたの聖なる本質と同調するために、これらのパワー・ワードを使ってください。特に、自分が制限のある思考にとらわれている、と気づいたときに使うと効果的です。

実用的なエクササイズ

・道8の成功のコードについて観想してください。

・冒険のなかで――必要ならば――あなたにぴったりくるようにコードの言葉をカスタマイズしてください。

さらに、あなたの宇宙のなかで、次のことを観想してください

・創造のマトリックスのなかに、どのような空間を取り入れるでしょうか?

・創造のマトリックスはあなたにどのように応答していますか?

・あなたの言葉は気品に満ちているでしょうか?

・そうでなければ、その理由は?

・変えるためにあなたのできることは何でしょうか？
・あなたの人生が優雅さと感謝の念で満たされるまで、平和の道の実践でいろいろと実験してみてください。
・すべてのことがわたしたちの直接のコントロール下にあることを知ってください。

さらに……

1．今、多くの人たちが参入している新たな次元の恩恵を受け取りましょう。
2．これまでのエクササイズをすべて行うことで、あなたが何を実現化したいのかが明確になったはずです。もしはっきりしなければ、誠実にあなたの人生のあらゆる側面を検証し、今生であなたが本当に実現化したいことは何かを決め、マスターとしてどのように存在したいのかを明らかにします。
3．愛の呼吸法を使って、この新たな次元のリアリティーをもっとスムーズに自分に引き寄せ、より深いレベルで他者と融合できるようにします――その光景をイメージし、ありありと感じられるようにしてください。
4．足下から宇宙がエクスタシーとして押し寄せてくるような存在のあり方に、わたしたちは今、参入することができるでしょうか？
5．あなたはどのようにして、それを現実のものとしますか？　そのことについて観想してください。
6．エネルギー・フィールドのルールと宇宙法則を理解してください。宇宙の共鳴の法則によって、わたしたちが注意を向けるものが育っていくことを理解してください。ですから、わたしたちは意図にまつわる特定のプログラムや自分の磁気的なパルスを介して、エネルギー・フィールドの流れとその方向を変えることができます。

・バイオレットの光のコクーン（繭）を作り、上級者向けのバイオシールド（生物体遮蔽《しゃへい》装置）プログラミング・コードを適用してください。そうすることで、あなたの創造のマスタリー（統制）によって、自らを別の次元へと引き寄せることができます。次の瞑想法を行うことで、どのようにコクーンを作ればよいか、具体的なガイダンスを得ることができます。

右記のプログラミング・コードは、より深い瞑想法のなかで紹介されています。瞑想法は、ｉＴｕｎｅｓからダウンロードすることができます。（英語）（34ページ参照）

・また、これらの瞑想法やプログラミングのイントロダクションを、ＹｏｕＴｕｂｅ番組から無料でご覧いただけます。

バイオレットの光のコクーン――錬金術のようなバイオレットの光のコクーンの瞑想法（Violet Light Cocoon Meditation）：この瞑想法は、マトリックスを介してわたしたちを微調整し、より健康で幸福なパラダイムへと導いてくれます。また、光のコクーンはわたしたちの外側のマインドとなって、無限の選択性からシールドの機能を果たしてくれます。

より進化したバイオシールド・プログラミング（Advanced Bioshield Programing）――バイオレットの光のコクーンを作るための、より進化したバイオシールド・コードとマントラにプログラミングを加えたものです。これは、完全なる顕現とマスタリーの力を介した、高潔なネットワークを形成します。

平和の道９

内なる導師とわたしは融合する

この道は、再び、自己の主権性、アセンション（次元上昇）、悟りに加え、ヨガ行者の言うところの「ビー・ヒア・ナウ」の叡智、すなわち、「今ここ」の現実に存在することの意義を説くものです。それは、創造のマトリックスにおけるわたしたちのコミットメント（委ねること、委託）を見つめるもので、わたしたち自身の純粋で完璧な側面と融合しひとつになる聖なるゲームへと導きます。そのことによって、わたしたちは真に平和で自由となります。

「まず求め、それから受け取ることに自分を開くことが、量子フィールドからの贈り物をもらうための第一ステップです。ライフスタイルをコントロールすることで、宇宙フィールドの特定のチャンネルに同調すること――それが、わたしたちの学ぶべきもっとも基本的で簡単な技術だと言えましょう」

「その瞬間の意識は、その直前の意識に由来するものです。わたしたちが人と認識するものは、一連の意識の流れに付随する概念です。この流れは、人と同様に、始まりも終わりもありません。つまりそれは、原因や状況のめまぐるしい変化に依存している瞬間の連続体なのです」

ダライ・ラマ法王『わが霊的な自叙伝（My Spiritual Autobiography）』より

内なる禅師……

忙しい西洋社会の生活のなかで、わたしたちは、自らの内なる禅師に触れるために時間を使うことはまずありません。内なる禅師は、ごく自然に「今」にチューニングし、内面の深い充足感を流れる平和の川に住んでいます。内なる禅師は、本質の近くに住まうわたしたちの一部です。わたしたちに息を吹き込み、命を与える本質と人格的自己のあいだに、非常に大きな溝があるのはよくあることです。この溝に橋を架けることは、スピリチュアルな道で最初に通るところであり、外なる世界の制限に疲れきったり、真の平和を求めたりする人たちの前に立ち現れる道でもあります。

しかしこの道も一本道ではなく、幾重ものルートや回り道があります。わたしたちは導師（グル）の横に座り、なんとかその叡智と恩恵を与えてもらおうとしますが、最終的には自らが導師となり、内なる導師を完全に生ききる必要があることに気づきます。それから、内面の奥深くに泡立っている愛と叡智の無限のフローを探り当てるのです。それは、わたしたちが注目し、その周波数にマッチするようなライフスタイルを送っているならば、すぐにわたしたちの基底をなす本質《ベースライン・エッセンス》として立ち現れてきます——それがこのフィールドに至る道です。

わたしは、人間のあらゆる創造活動を動かしている生命の科学を愛しています。なぜなら、それは形而上学にロジック（論理）を与え、宇宙の法則が、フローやわたしたちが顕現しようとするものを支配していることを示してくれるからです。わたしたちはカルマの法則によって、金銭的に恵まれることもしばしばあります。しかし、スピリチュアルな初学者はすぐにも、本当の豊かさを知るには、もう一度、自分が真に何者であるのかという考えに立ち戻らなければならないことに気がつきます。物質的社会でお金を稼ぐことに邁進するのが真のわたしたちの姿ではありません。内なる領域では、物質的な豊かさは何の力も持たないからです。本当の豊かさとは純粋なハートであり、より大きな善のために尽くしたいと願う真摯な想いなのです。それが、わたしたちの奥深くにある王国への鍵であり、そこにおいて、本物の富を見出すことができるのです。

プレゼンスとともに在るということ

光の存在の友人からのチャネリング・メッセージ

ひとり静寂のなかで過ごす、瞑想のとき、ただ座り、ただ聴く、あの崇高な声を。どこまでも広がる沈黙の内世界。

その鼓動と共鳴できるように、準備は整いました。ですから、わたしたちはマスター（師）の足下で座すことができるのです。

真の内なる導師（グル）をわたしはよく知っています。愛しています。真の内なる導師はすべての細胞にうなり声をあげさせるのです。

プレゼンス（臨在）とともに在ること。

純粋な平和のゲームの一体性にチューニングしてください。愛おしい内なる導師は、もう一度家に連れ戻してくれます。

ある人はまだ、開いていないでしょう。興味も湧いていません。ある人はやや気づきながらも、まだ準備ができていません。

わたしたちはそれをも歓迎します。それが、平和の道へ乗り込むときの、ロジカルな心の最初の反応だから。

プレゼンス（臨在）とともに在ること。

そして、わたしたちは知っています。ここにおいて、みんなが高次の表現を手に入れられることを。そう、愛の次元に居場所ができるのです。

フィールドに善をもたらす行為があります。内面奥深くに潜り、愛と触れあえば分かります。

ヨガ行者は、今も昔も、ハートに封印された内なる導師について語り継いできました。

プレゼンス（臨在）とともに在ること。

天国の王国について、みなが語りかけています。わたしたちが住まう場所。

そのときは「今」しかありません。宗教や科学の証明を超えて、それが真理であることを誰もが知っているでしょう。

豊かさの一部になりましょう。愛のリズムを知り、「ねばならない」を手放せば、それは本当に心地よいものです。

プレゼンス（臨在）とともに在ること。

そうです、どれだけ多くの人が「ねばならない」に縛られたでしょう。けれども、愛のリズムに計画などありません。

明かされるべき大きな像が、今ここにあります。もっと愛に委ねることができるように、微調整しましょう。

チューニングが完了し、大胆になったとき、そして互いの魂が結ばれたとき、明け渡しのときが到来することをわたしたちは告げました。

プレゼンス（臨在）とともに在ること。

実用的なエクササイズ

・右記の詩（115～116ページ・光の存在の友人からのチャネリング・メッセージ）について観想しましょう。
・あなたにふさわしい洞察をそこから吸収しましょう。
・あるいは、それらの洞察をあなたらしい表現に変えてみましょう。
・心を込めた真摯な祈りのエネルギーを介して、調整を求め、あなた自身の浄化された聖なる部分を体験できるように願いましょう。
・そこから贈り物やガイダンス、滋養、愛、洞察、叡智、自由を受け取ることができるようにお願いします。
・それがあなたにとって完璧な方法で具現化されるようにお願いしましょう。また、あなたの内面と取りまく世界に、平和と調和が顕現するのを助けてくれるようにお願いします。
・**愛の呼吸の瞑想法**（Love Breath Meditation）を毎日実践し、内なる導師のプレゼンスを感じ、その本質に触れることができるようにしましょう。（34ページ参照）
・愛の呼吸の瞑想法のなかのマントラを毎日使い、「I AM（アイ・アム）」がより強くあなたのなかに存在し、立ち現れてくるようにします。
・そのマントラとは、

＊わたしは愛である。
＊わたしは無限である。
＊わたしは永遠である。

存在性と融合の瞑想法（BEingness & Blendings Meditation）：ワンネス（一体性）のマトリックスのなかのさまざまな「在る」という状態を体験し、同じ振動数のフィールドにいる人たちのエネルギーと融合することができます。さらに、今ここにおいて、自らの聖なる本質という静寂の状態になり、完全に今に存在するということを体験します。

ただ在ることのエネルギーを知ること——今ここに横たわる創造のマトリックスを支えているエネルギーです。ここにおいて、わたしたちは静かに安らぐことができ、宇宙意識と創造の根源的なパルスから生じる叡智と平和の究極のフローに開くことができるのです。

恩寵《グレース》……

「恩寵は、自分の生き方が、より大きな全体の善の役に立っているかどうかを示してくれる指標のひとつであり、どのように宇宙が反応し、どれくらい人生に恩寵がもたらされているのかによって、自分のスピリチュアルな現実やライフスタイルが適切なものなのかを確認することができます。恩寵は、ゆるぎないフローとなり得ます——それは、わたしたちの本来の姿である創造主としての人生を軽々と成し遂げさせてくれるパワフルな流れであり、一度でもそれを見たり感じたりすれば、求めずにはいられない出来事として、度々わたしたちの元に訪れるものです」

「純粋な愛のフィールドの最奥の流域では、渇望や欲求は存在し得ません。なぜなら、深い充実感と平和しか感じることができないからです。人生が恩寵で満たされるとき、欠乏しているものは何もなく、自由です」

「さらに？」

「多くの人たちにとって、もはや人生は個人的な現実ではなく世界規模のものになっています。また、宇宙規模になっている人もいます。一度、個人的な現実がコンスタントに恩寵を引き寄せられるくらいに安定し、内なる次元のサポートも得られるならば、そのうえで、フィールドの特徴を理解することを通して、自らのマスター性において何も欠乏するものがなくなったそのときに、はじめてわたしたちの人生は、全体を持ち上げるために貢献することに方向付けられるでしょう。それは『神コンプレックス』の苦悩、あるいは、世界を救済しなければならないという思い込みから生じるのではなく、シンプルに、ただ地球が全体としてより高次のパラダイムに参入するときが来たから、または、わたしたちがその方法とタイミングを司っていることに気づいたから、という理由で行われるのです」

わたしは融合する

光の存在の友人からのチャネリング・メッセージ

すべては一瞬のうちに起こるでしょう、その可能性が近いと感じるならば。その鼓動を大きく脈動させるのか、小さくとどめるのか、またどのように呼びかけられるのかも、すべてわたしたち次第。まったく異なる舞台に閉じ込められるとしても、あなたがそれを望むなら、楽しむことができるでしょう。

それを嫌だと思うならば、そしてもっと違う生き方があるのではないかと内側で感じ、ハートもそれを後押しするならば、わたしたちは問い直し、成長したいと願うのです。そして、他の道を探すでしょう。あなたが自らを捧げ、時間を投じるに値するもの、結びつき、やがて溶けていくところへ。

ひとつになって溶けてゆくのは興味深いリズムです。そして、すべてのチャンネルに淀みなく流れるようにベースライン・プログラムが作動し、あなた方はそこから滋養を得、力づけられ、語り継ぐべき最大限の善が互いに引き出されるでしょう。もう一度言います。すべてはクリアなあなた方の意図次第。そう、親愛なる魂たちとつながるために。

聖なる結婚は、高次な自己と低次な自己を結びつけ、太古より引き継がれたエゴを、ハートの最奥の真実と混ぜ合わせるのです。すべてが融合し、やがてその内へと溶けてゆきます。万物をその甘美なリズムの元に、もう一度統一するために。あなたは今、マトリックスのどこにいるでしょうか。さあ、今感じてみましょう、全身をかけ巡る静脈を通して。

目を閉じて、このウェブをイメージします――それは創造のマトリックス、あなたの本当の基底です。光となって全身をくまなく流れ、経絡を活気づけ、あなたを輝かせ、さらにチャクラも甦るでしょう。すべてを俯瞰《ふかん》してみます。さあ、分子はどのように活性化しているでしょうか。

ガイアからエレメンツが流れ、彼女（ガイア）はそのすべてを使ってわたしたちに肉体を授けます。だから魂は、それをまといます。あなたがまるで、真夜中の宇宙に輝くクリスマスツリーのようにライトアップされたら、どんな気分になりますか？　あなたが今、つながっているすべての道をイメージしてみてください。それは、あなたの最上の夢を果たすでしょうか。

あなた方に言いました。昨日を脇において、さまざまな表現体で、今ここに集いましょう、と。そうすることで意図が見えてきます。この人生で、あなた方が何を愛し、遊び、あるいは闘ってきたのかを。それらすべてをおいて、その先へと上昇することができるでしょうか？　それらを昨日までの出来事の風味だと、とらえることはできますか？

あなた方を強くした経験から引き出すことができます。これらの美徳はすべて、長いときを経て蓄積されたもので、あなたの歩みとともに時系列に受け継がれてきました。継次的か、同時的か？　どのようにとらえるかは、あなたに委ねられています。すべてリズムとなって、そこにあるということだけは誰もが知っています。それが、形而上学的、錬金術的な魔法と言えましょう。

それは宗教でもなければ、恐れるべきことも何もありません。非常にクリアな方法――宇宙の法則の科学――を介したエネルギーのフローに過ぎません。わたしたちを惹き付けてやまない、リズムを通して。まるでシャンパンの海のように、創造が泡立ちます。はじけては、消え、あるいは、平和のうちに安らぎます。

宇宙にはそれぞれ、伝えるべき多くのリズムがあります。その場所が織りなすものによって変わるのです。

異なる次元と異なる存在が表現するものはあまりに多様で、見た目で理解することなどかないません。第三の目が大きく開かれたとき、その輝きを見るでしょう。

わたしたちは自分が何を求め、真実の風味が何であるかを知り得ません。けれども、味わうべきソース（源）が内側にあることを知っています。さあ、スイッチを全部オンにして、ちょっとだけ自分を変えるのです。そして、ハートにどのように見つけ出して維持すれば良いのか聞いてみましょう。あなたがハートに見出そうとする至福とは何でしょうか？　あなたはどんな至福を味わいたいのでしょうか？

「一体性」のゲームにコミットしてください。それは、時間軸のなかにおける、あなたのその純粋で完璧な部分、高座に座す、その内なる導師との聖なる融合です。かつて目にしたことのある、まったく新たな道、平和の道を明かす準備が整っています。開示することを、今か今かと待ち構えています。

平和がその性質であり、本質とも言えましょう。わたしたちはこれまで明確に告げてきました。平和への扉……それを目にするためには、真摯に求め、強い関心を持たねばなりません。愛の湖のうちに住まうというクリアな決断の元に、その融合、結合はなされるでしょう。

菩薩として生きる……

「わたくし個人の宗教的な行《ぎょう》として、わたくしが『Bodhisattva ideal（菩薩的理想）』と呼ぶものを生きようと努めています。仏教の考え方では、菩薩は、仏性への道を歩むことに献身している存在であり、衆生を苦悩から救済することに身を捧げています。Bodhisattva（菩薩）という言葉を構成する二つの単語を分けて考えると、その意味がよく分かります。Bodhiは叡智を意味し、現実の究極的な性質

ジャスムヒーン

【日時】2017年7月
【場所】東京近郊予定

光の生き方、本質（エッセンス）からの生き方、
プラーナでの生き方を学び、体験してみよう！

詳細は、ホームページとメルマガで今後告知していきます。
（メルマガ登録がまだの方はホームページより登録お願いします）

〔お申し込み先〕 ナチュラルスピリット ワークショップ係
※お申し込みは弊社HP申込フォームまたはEメール・FAXよりお願い致します。
Eメール：workshop@naturalspirit.co.jp　FAX：03-6427-2498
http://www.naturalspirit.co.jp/

を理解することを意味しています。また、sattvaは普遍的な慈悲心に満ちている人を表しています。ですから、菩薩的理想とは、無限の叡智とともに無限の慈悲心を実践するのに尽くすことを意味しているのです」

ダライ・ラマ法王『わが霊的な自叙伝（My Spiritual Autobiography）』より

実用的なエクササイズ

・右記の詩（120〜122ページ・光の存在の友人からのチャネリング・メッセージ）について観想しましょう。
・あなたの体験を深めるための、より深い瞑想法をiTunesからダウンロードすることができます。（英語）（34ページ参照）
・また、これらの瞑想法のイントロダクションを、You Tube番組から無料でご覧いただけます。
定期的に「愛の呼吸の瞑想法（Love Breath Meditation）」を行いましょう。

聖者たちとつながる——宗教を超えた瞑想法（Holy Ones Connection - Beyond Religion Meditation）：マトリックス上の意識の流れ——聖者たちが到達し、根を下ろしている領域——にチューニングするためのものです。この洞察に満ちた宇宙的な瞑想法を行うことで、彼らの教えのもっとも純粋な本質を得ることができ、宗教を超えることができます。

平和の道10
愛

道10では、聖なる結婚をより深く見つめ、聖なる結合、タントラ、あるいはヒエロス・ガモスが何であるのか、また、最愛の存在とはどんな存在なのかを理解しようとします。

内なるマスターとは……

「愛は中毒性があり、喜びそのものであるゆえに、ふつふつと沸き立つような性質を持っています。その報酬と深みゆえに、気がつかないうちにわたしたちを虜にします。泡状になった純粋な愛の潮流が生命のマトリックスを巡回し、やがてわたしたちをも包み込むのです」

「わたしたちのライフスタイルと注目を向けることによって、この潮流に飛び込むことができ、必要な養分をすべて吸収することができます。そして、見返りを望むことなく無条件に与えられた愛を、自由に注ぐことができるようになります。この純粋な意図から生まれた行為こそが、もっとも素晴らしいギフトだと言えるでしょう」

「このフィールドは、マスターがもっとも活躍できる領域であり、純粋なハートで奉仕する者は、内なるマスターと出会うでしょう」

最愛の存在について

光の存在の友人からのチャネリング・メッセージ

最愛の存在について触れました。この時間、この場所、この日に、わたしたちを取り囲む人として、彼ら／彼女らはいろんな形でやってきます。家族、友人、恋人、あるいは本物のパートナーとしてこの人生のゲームを共にする相手（ベッドルームをも共有する存在）として。この領域においても、すべてが滞りなく進むように、良質なベースライン（基底）を設定するためのプログラミング・コードがあります。

初対面の人と出会ったときに、互いに嘘偽りのない真実の関わりができることを願いましょう。甘美な愛の光線で、ハートとハートを結びつけます。天の声を届ける内側の聖なる存在を通して。ですからその関係は深く、尊重し合えるもので、自然の流れに沿っています――喜びをもたらし、互いに成長できるのです。

さあ、もう一度願いましょう。この上なく崇高な、聖なる結婚の状態にあなた方が完璧に同調できるように。ですから、まぶしいくらいの輝きを放っている人は、力の限り、周囲に力（滋養）を与えているのです。その力はわたしたちの内側を流れ巡回することで、自らをも力づけます。マトリックスから脈動されるそれ（滋養）は、何をすべきかを知っているのです。

それは内側から流れています。わたしたちの筋肉や骨、すべての結合組織を通して。そして、今ここにおいて、わたしたちを家へ、魂へと呼び戻すのです。わたしたちが、どのように世界を歩いているのか（一致団結しているのか、バラバラなのか）に関わらず、呼び戻します。希望に、変化球を与えながら。わたしたちは多くのことに取り囲まれ、さまざまな道が提示されています。こうしてわたしたちは、最後の瞬間まで、磨き上げられるのです。

マトリックスの内には、楽しいゲームがたくさんあります。数多くの次元が存在し、他の道をも示してくれます。リストは無限で、時間も無制限です。創造の目には、すべてが移り変わっていきます。

新たに誕生した、個々の閃光。創造の公園を流れる川からひょいと飛び出し、常に移り変わり、常に成長しています。より良くなるために、観察し、変わり続けている。さらに大きく、もっと複雑に。マトリックスの内で、自らのフィールドを思うままにコントロールできることをすべてに見てきたから。

個々の閃光に、それぞれの意識は宿っていますが、それでもすべてのつながりに完全に気づいています。誰かはこう言うでしょう。本当の本質に気づき、それを引き受けることができるということ。そして、ゲームの楽しさに自らを預け、最愛の存在となってその炎とひとつになるということ、と。

最愛の存在たちよ、わたしたちも愛されるでしょうか？
すでに内にあり、細胞の合間を流れる愛の潮流に碇《いかり》を下ろしています——もう引き離すことはできません。大きく開かれた上質の扉から、各分子に汲み上げられます。取り入れればたちまちわたしたちを輝かせる宇宙の風味を。すべての飢えをなくし、十分にわたしたちを養えるもの。わたしたちが知っているのは愛の情熱と呪文だけ。

はじめに互いを見つめ、この世に存在するものすべてを確認します。それから、新たなリズムを見出し、どのようにそれがすべてを融合していくのかを見つめます。わたしたちはみな、互いに結びつきながら歩む、平和の道の目撃者となりました。新たに生まれ、再生した種が、それぞれの道を歩む姿を。わたしたちは今、数多くのリズムに気づいています。そして、どのようにして持ち上がった状態を保てるのかを知ったのです。

どうすれば存在できるのでしょう。そんなにも力強く立ち上がり、素晴らしい洞察をもたらす強力な風味を持ちながら。本当に個性豊かに、わたしたちはみな、しがらみを持っています。そして、すべてがわたしたちを成長させるために設定されていることを知っています。時折、人生は面白くないと思うところで停滞します。しかしそこにいたくなければ、立ち上がって向きを変え、新たな方向を目指すのです。学ぶことはたくさんある、という確信に燃えた情熱のハートとともに。

わたしたちは、行為においての純粋な愛のリズムになることができます。お互いをよく意識し、すべての関わりに注意を向けます。今ここの世界で周囲の人に向けてどのようなフローを放出しているでしょうか？それは周囲を力づけるものでしょうか？　また、その見返りとして周囲から力づけられたいと思いますか？わたしたちの本質は、ただそれが可能だからという理由で、他者に滋養を与えたいでしょうか？

最愛の存在たちよ、わたしたちも愛されるでしょうか？

わたしたちは内面を開きました。高次の展望から引き起こされた巨大な伝達と、エネルギーの流入のために。ですから身体自体はまだ準備が必要です。その非常に希有な次元においての、融合と結合に備えて。ダンスを踊るための時間が到来しました。新たな宇宙的交歓のうちで、溶けてひとつになるために。さまざまな次元やその仕組みを理解します。宇宙の法則だけではなく、すべての細部やほんの小さなゆがみさえも。すべては共鳴しています。ただのプレーンな周波数のゲームに過ぎません。はい、そのことについてたくさん述べてきました。

政治や宗教、異端的な考え方を超え、価値判断を手放し、この科学を理解しましょう。多分、これらのことは真実でしょう。この見方を必要とするならば、研究にお金をかけるかもしれません。けれども、これらのフィールドは経験的なもの。証明するのは難しいでしょう。ですが、あなたは世の中の変化を目にし、別の色合いを帯びていることに気づくことでしょう。

最愛の存在たちよ、わたしたちも愛されるでしょうか？

実用的なエクササイズ

・右記の詩（126〜129ページ・光の存在の友人からのチャネリング・メッセージ）について観想してください。

・あなたにとって役に立つ洞察を吸収してください。

・最愛の存在の状態で生きるとはどんなことか、リストに書き出してみましょう。自らのアセンション（次元上昇）した性質、あるいはあなたの人生のパートナー、あなたが引き寄せたいと願うパートナーとひとつになるとはどういうことでしょうか？

・あなたにとって、完全な愛の関係とはどんなものでしょうか？

・愛と聖なるロマンスに関連する成功のコードを活用してみてください。平和の道8を参照してください。最愛の存在のエネルギーを体験できるように、より深い瞑想法をｉＴｕｎｅｓからダウンロードすることができます。（英語）（34ページ参照）

・また、これらの瞑想法のイントロダクションを、ＹｏｕＴｕｂｅ番組から無料でご覧いただけます。

タントラ――聖なる結婚の瞑想法（Tantra - Divine Marriage Meditation）：この瞑想法は、タントラ（一体性）、聖なる結婚、聖なるセクシュアリティに活用することができ、さらにタントラを完璧に体現できるようにわたしたちを開いてくれます。また、過去のカルマ的な関係の結びつきを再調整し、最愛の存在と交歓するという新たなエネルギーの道を創り出します。

愛……

「愛で在るときは、すべては完璧で、すべては理解され、すべてはただ、気づきと目覚めのリズムです。正しいか間違っているか、良いか悪いかの価値判断はなく、葛藤や苦痛、混乱もありません」

「すべてはシンプルに愛」
「すべては愛のリズムのもとで展開し、愛のフィールドに包まれ、愛によって養われ、それゆえに純粋で完璧なのです」

聖なる結婚――ヒエロス・ガモス

次のデータは、キャスリン・マゴーワン氏の著書『待ち望まれし者―愛の書（上）（下）（The Book of Love）』（ソフトバンククリエイティブ）から引用したもの（訳註：引用は原文から）で、6つの異なるレベルで起こる聖なる合一について書かれたものです。

アガペー　お互いや世界に向けて喜びにあふれた愛であり、スピリチュアルなつながりのもっとも純粋な形です。意識を含む聖なる抱擁の段階です。

フィリア　はじめは友情と尊敬の念に満ちた愛です。花嫁の姉妹、花婿の兄弟あるいは、兄弟愛や本物の伴侶（仲間）を意味します。信頼を含む聖なる抱擁の段階です。

カリス　恩寵、献身、神殿に座す神のプレゼンス（臨在）への賛美に定義されるような愛です。天国や地上において、父母のうちに見られるような愛です。

ユーノイア　深い慈悲心、あるいは世界や神の民に献身するといった精神を触発するような愛です。地域愛やチャリティー活動の原動力となる愛の段階です。

ストージュ　優しさと思いやり、共感性にあふれた純粋な愛です。子どもの愛はここに見出されます。

エロス　肉体の合一を通して魂がひとつになるという、深遠なる身体の賛美という形で表される愛です。最愛の存在の究極の表現であり、ヒエロス・ガモスにそのもっとも神聖化された形を見出すことができます。

このような表現において、愛の光に打ち砕かれない暗闇はひとつもありません。地上で万物が調和的に存在することができれば、暗闇は存在し得ません。

愛はすべてを征服します。

聞く耳を持っている者には、聞かせなさい。

ヒエロス・ガモスのゲームは最愛の存在たちの聖なる合一であり、ツイン・フレーム、ソウルメイト、あるいは陰と陽のバランスの取れたエネルギーの融合のための男性的、女性的存在と呼ぶ人もいます。幾度もの時を重ねて、右記のすべてを完了させるために惹き付け合う存在たちがいます。ハート、魂、身体、意志、意図、そして究極の心の聖なる合一を通して、宇宙的チャクラ、または合一したグリッド点として放射することができるように、すべてをブレンドさせるのです――すべては愛の流れとなって、その周囲に滋養を与えます。

ヒエロス・ガモスは、もう一人の人物とともになし得るか、あるいは独身者であれば、内面の聖なる本質と自己が融合することで達成します――しかしエロスに関しては、究極のエロスの体現のためには二つの肉体的結合が必須となります。

この情報の提供について、キャスリンに深く感謝します。

実用的なエクササイズ：補足版

・ヒエロス・ガモスがあなたにとって意味するもの、または、直感的にあなたがそれを体現したいと感じるならば、どのように到達できるのかについて観想してください。

・あなたが今生でそれを体現したいと願うならば、事前に合意が必要であることを認識してください。

その経験を促進するために、より深い瞑想法をｉＴｕｎｅｓからダウンロードすることができます。（英語）（34ページ参照）

・また、これらの瞑想法のイントロダクションを、ＹｏｕＴｕｂｅ番組から無料でご覧いただけます。

愛の呼吸の瞑想法（Love Breath Meditation）と

タントラ――聖なる結婚の瞑想法（Tantra - Divine Marriage Meditation）

次の追加の詩的な洞察について、観想してみてください。

聖なる合一について

光の存在の友人からのチャネリング・メッセージ

互いを深く愛し合うことができたとしても、万物を愛するということは、また別の魔法をもたらします。網の目のなかで意識がブレンドされ、すべての神の創造物に愛が知覚されるのです。

聖なる合一が完全に達成されるためには、穏やかな優しさを降り注がねばなりません。本当に信頼し合い、絆を深めた友人や愛する者に対して。

はい、ゲームのなかに愛と神聖さをミックスして加えなさい。より高次な次元へと扉が開かれるように。そのための6つの流れが必要です。夢を叶え、宇宙の接吻をもたらすために。

信頼や敬意、友情も大事です。より大きな世界観を抱くと同時に、献身しなさい。あたかも幼子を扱うように思いやりと優しさを持ち、万物の価値が輝くように聖なる愛を加えなさい。

それから、タントラの道とともにエロスが現れましょう。忘我の彼方にある深遠なる合一へと。身体とハート、心と魂を融合するということ――何ものにも代え難い、完璧な合一。

平和の道11

プラーナで生きる

この道は、本物のタントラの状態から生じる自由を見つめます――それは一体性を意味します。この融合された状態は、神を呼吸する者へギフトをもたらします。

プラーナで生きるとは、本質がわたしたちに与えるギフトをすべて受け取ることであり、自らのライフスタイルを通して、この純粋な内なる源に同調することです。また、必要であるならば、その愛し、癒し、滋養さえも与えようとする力に自らを開いていくことを意味しています。

実用的なレベルでは、自らの無限の聖なる本質――内なる資源――から供給することによって、世界の食料資源への依存を減らすことができます。

わたしたちの本質とは、生来的にクレアボイアンス（視覚的な超感覚）、クレアオーディエント（聴覚的な超感覚)、クレアセンシェンス(感覚的な超感覚)です。プラーナで生きることは、真に自らの本質によって生かされることを意味するので、こうしたギフトが自然に身につけられるのです。

夢のなかで……

「ようやく人類のハートは、どのように進化するのかについての道筋を決めました。それぞれのハートにある純粋性は、平和と真の礼節に対する共通の欲求を満たそうとしています。ついに、慈愛的な行為の元にひとつに融合した調和的な人々のパラダイムは、以前と比べると断然リアルになってきました。わたしたちはまだ少数かもしれませんが、その威力に人数は関係しません」

「地球上の人類の三分の二が生き延びようと苦戦している一方で、より良い時代、より良い在り方を夢見ています。愛する者のためにより良い世界を望んでいます。そして、みんながひとつになることを夢見ているのです。変化の種は、夢見ることによって生まれます。そして、これまでのように生き延びるために格闘することをやめた人々が力を得、その成果を味わうまであきらめずに、希望のガーデンに水を与え続けられるのです」

ブレサリアン*とは――神を呼吸する者たち

ドイツの哲学者のアルトゥル・ショーペンハウアー（1788～1860年）は次のように述べています。
「あらゆる真理は、三つのステージを経るものです。ひとつ目は、冷笑にふされ、次に、猛反対され、最終的に明確なものとして受け入れられるのです」

ショーペンハウアーは、わたし自身もそうであったように、ヴェーダを学んでいました。プラーナについて、最初に言及しているのはヴェーダです。プラーナは、息の背後にあるエネルギーです。また、宇宙のなかで神々が明らかな姿で踊ることを可能にするエネルギーでもあります。

わたしたちに生命を与えるほど愛してくれているそのフォース（力）は、ただ愛情深く、叡智に満ちているだけではなく、誰もがアクセスすることが可能な、変容のためのもっとも力強い源泉でもあります。そして、わたしたちがその源泉へと内なる扉を開き、すべての贈り物を受け取りたいと願うならば、瞬く間に世界を変容させることができます。それについて、わたしは何の疑いもありません。

プラーナの他にそれを可能にする資源はありませんし、融合と平和のハーモニクス（共振）をつくり出すものもありません。大勢の人が探し求めていますが、実際に信じるには体験するしかありません。プラーナはわたしたちを共通の周波数へと融合するひとつのエネルギーの流れであり、ここにおいてすべての渇望、

＊ブレサリアン：ブレス（呼吸）だけで生きる人。不食の人。

飢えが消滅するのです。プラーナこそが、表面上どれほど解決しがたいように見える問題であっても、世界中のあらゆる紛争を解決する鍵なのです。

氣やプラーナ、宇宙の生命エネルギーから滋養を得ることは、そうしたいと強く願うわたしたちの思いに応える形で起こり、周波数によって自然に引き寄せられるものです。わたしたちが意識的に聖母の周波数にチューニングし、その聖なる愛と叡智につながるならば、奇跡は起こります！

光で生きることとは、ライフスタイルを通して、聖なる愛を引き寄せ、吸収し、放射するわたしたちの能力と直接的に関係しています。本当にそれだけのシンプルなことなのです！　わたしたちの個人的なエネルギー・フィールドがよく調整されており、「四つの体」の調和がとれているならば、ＤＯＷ（Divine One Within：内在する聖なるもの、内在神）の力にアクセスすることができます。ＤＯＷの力は、わたしたちを愛し、ガイドし、癒してくれるもので、魂はもとより、細胞にまで滋養を与えてくれます。

神を呼吸する者たちについて

光の存在の友人からのチャネリング・メッセージ

健康と最高の気分を味わうこと、もうそのための別の道を知っています。内なる家、そう、聖なる息吹に生かされるということ。それは最後に解き放たれるもの。

心安らかに地球を歩きます。その明るい光の渦、深い合一、スリムな身体と古来よりの食にまつわる混乱からの自由を楽しみながら。

長年瞑想を積み重ね、光明、それから愛、真の誠実性を得ました。そして、内なる予見者を平和で満たし、より自由になりたい欲求は聞き入れられたことを知ったのです。

とらえにくい、精妙な贈り物を見ました。時間のゲームから解き放たれればすぐに、心はより甘美な流れとなりましょう。

そう、神を呼吸する者たちは希有。もう、恐れのなかで生きはしません。慈しむという愛の道を歩むだけ。いつも、内なる耳は開かれています。

プラーナの力につながること。その発見、聖なる資源は、まったく異なる選択をしました。別の声に耳を傾け、チューニングするならば、内なるスピリットは歓喜して、ゆっくり息をします。それは優美な談話。

ワンネスの閃光について

光の存在の友人からのチャネリング・メッセージ

プラーナで生きることについて語りたいと願います。それは、「与える」というフィールドに織り交ぜられるということ。内面の奥底からわき起こる力を感じ、それが愛だと知ります。ここは、命のふるさと。その風味をすべて味わい尽くそう。極めて純粋なそのリズムを感じます。そして、正真正銘の救世主が誰であるかを知るでしょう。

光のフィールドのなか、愛の大海に固く強く、わたしたちを結び、織り込んでいくのは本質。脈動させよう。そうすれば、その流れがわたしたちを満たし、満たせば満たすほど解放するでしょう。ただ静寂のうちに、それを知ります。シンプルに選択するだけ。満たし、そして解放されるということ。叡智の声が、歓喜とともに今、わたしたちのハートを満たします。

プラーナのリズムは今ここにあります。ワンネス（一体性）の閃光にチューニングするだけで、すばやく流れ込んでくるのです。

「プラーナで生きるとは、食ではありません——それはより精錬化された進化の道へと、個人的にも地球レベルでもアセンション（次元上昇）していくことです！　巨大な多次元的存在としてのわたしたちは、生命のマトリックスを循環するシャンパンの泡のような内なる滋養（プラーナ、氣）の資源に対し、無限にアクセスすることができます。このプラーナの流れは、わたしたちの創造を束ねるための『糊《のり》』の役割を担い、人生にもっと多くの恩寵を招き入れられるように助けてくれます」

「瞑想は内なる静寂に深く沈潜し、変幻自在なこのプラーナの流れを発見し、経験することを可能にします。それにフォーカスすればするほどに魅了され、気がつけば変容しアセンション（次元上昇）した自分に出会うでしょう。自らの内的、外的な氣の流れを増強すればするほど、世界から飢えを一掃し、地球レベルでの調和や永続的な平和の状態をもたらすことができます。ですから、わたしたちはこれを平和の道と呼んでいるのです」

実用的なエクササイズ

・プラーナで生きる可能性について調査し、それがどのように世界に恩恵をもたらすのかについて考えてみましょう。
・健康で最高な気分の、快適なライフスタイル・プログラムを活用し、滋養の内なるチャンネルに合わせましょう。

・毎日、愛の呼吸の瞑想法（Love Breath Meditation）を実践します。
・深く、良質な、ゆっくりとした呼吸のリズムと、ポジティブで力強いマントラのパワーを使うことによって理解します。

あなたの経験を促進するための、より深い瞑想法をiTunesからダウンロードすることができます。（英語）（34ページ参照）
・また、これらの瞑想法のイントロダクションを、YouTube番組から無料でご覧いただけます。

プラーナから滋養を得るための瞑想法（Pranic Nourishment Meditation）：代替的な滋養であるプラーナの流れにアクセスし、あらゆるレベル――内なる領域にある宇宙粒子の流れと、自然の両方――から滋養を得るためのリラクゼーションの瞑想法です。また、ガイアと宇宙のハートにつながると同時に、さらなる力を得るためのプログラミングを行います。

こちらもお楽しみいただけます。

プラーナで滋養を得る装置の瞑想法・エーテル体版（Etheric Pranic Feeding Devices Meditation）：この瞑想は、高次元の光の科学と錬金術を使って、内なる次元のエーテル体に滋養を与える装置を創造するためのきめ細かい瞑想法です。この装置によって、わたしたちの氣の流れを増強することができます。そして、結果として健康や幸福、調和のレベルを引き上げてくれます。また、下垂体と松果腺を微調整することによって、テレパシー能力を高めてくれます。この瞑想法は、マインドのパワーと宇宙の共鳴の法則、錬金術的なバイオレット光線の変換装置を用います。

これらについて、瞑想法をわたしたちのＹｏｕ Ｔｕｂｅ番組で無料で提供しています。瞑想、ブレサリアンとプラーナ、光で生きる、についてのプレイ《再生》リストからご覧いただけます。

プラーナで生きることによって、世界の食料資源への依存を減らし、すべての動植物と調和的に暮らすことができます。

このテーマについてもっと知りたい方は、次の調査マニュアルを参照してください。
『神々の食べ物―聖なる栄養とは何か』ジャスムヒーン著（ナチュラルスピリット刊）

変換について

光の存在の友人からのチャネリング・メッセージ

毎日、誰もが変換を呼びかけられています。光り輝くことがどんな気分なのかを思い出せば、愛のフィールド、光のフィールドで戯れることができるように、自らを調整できるのです。

今、わたしたちは思い出します。かつて遊んだサバイバル・ゲームのほかに、もっとたくさんあることを。見る価値がある領域へ参入するための、新たな時代の手段、新たな存在のあり方を。ただ人生の本質に目を向けるだけで、あらゆる瞬間に変換できるでしょう。もう一度、純粋な内側の世界に気づき、その聖なるフィールドの流れを感じましょう。

時間は賢く上手に使うことができます。空腹を収めるスペースを見つけるそのときまで。この世に生を受けたとき、愛の甘美な自制を忘れてしまっただけ。

静寂に座し、深く息をします。身じろぎもせず、ただ開き、感じましょう。純粋な神の驚きを。そのときが来れば、必ず到達できましょう。もう一度、光に焦点を合わせたそのときに。

平和の道12

次元間と多元宇宙的なコネクション 女神は語る

道12は、わたしたちの宇宙の同僚たちの多元宇宙的、次元間の現実へと回路を開き、彼らからの招待状――すなわち、地球が惑星として進化し、より高い次元での表現ができるようになること――を受け取ることを可能にします。また、わたしたちの平和への探求の想いに対する彼らの応答と、そのためのいくつかの適切なメッセージを受け取ることができます。

真の平和は、自分自身を知ること、本当の自分とは何かを経験すること、さらに、自らが多次元間でつながり合うことができる種だという真の潜在性を理解し、経験することから生まれます！

ほとんどのわたしたちの次元間的存在である光の友人は、二元性を体験したことがなく、そのため戦争と平和の流れというものも知りません――本質である源から遠く離れたときに、戦争という形で内面の憎悪を体験し、反対に内面の本質の純粋さに触れ、再びその叡智と愛を感じたときに平和を体験するのです。ありがたいことに、この体験は「聖なるもの」のもっとも純化された教えを明らかにすることによって、あらゆる宗教を超えた領域へとわたしたちを連れて行ってくれます。

自らの真実の特質に気づかず、つながりをもてない世界では、そうしたことをはじめに直接経験しないかぎり、人々が全体として真に進化し、平和のリズムを取り戻すことはないでしょう。もちろん全員がそれを体験する必要はありません。ある特定の人数が、その本質とひとつになることができれば、世界を調整し直すことができます。

けれども、この潮流のうねりに乗るためには、全員が愛と平和の道を選択しなければなりません。それが心の底から発せられるのであれば、ただ選択するだけでいいのです。というのも、もう十分の人たちが修練され、この世界で求められていることを完結するために何をすれば良いのかを思い出し、発信しているからです。

あなた方も知っているように、ある人たちは二元性の領域にとどまり、恐れの道を歩むという選択をしなければなりません。それは彼ら／彼女らが悪いとか、無知とか、気づいていないということではなく、魂が二元性をもっと深く学ぶために選択しているということです。

しかしながら、無数の人々がさらなる進化を切望しているので、その人たちは流れに乗りながら力強いネットワークに支えられ、滋養を得るのです。くり返しますが、この変換期があとどれくらいかかるのか、またどれほどスムーズに進むのかは、わたしたちにかかっているのです——どれくらいの人々が愛と平和を選択し、一歩下がってその純粋な本質が立ち現れ、統制するままに任せられるのか、ということです。

くり返しになりますが、わたしたちがどんなに素晴らしい経験や考えを持っていたとしても、より高次の光の科学の領域では、どんな周波数が優勢かですべてが決まるのです。それをしっかりと自覚することで、自分がどんなエネルギーを発信しているのかに責任を持ち、世界をポジティブな方向に向けられるように貢献しましょう。

奉仕するということ

「もうすでにお伝えしましたように、今、多くの地上のシャーマンや形而上学の担い手が、わたしが流動体の宇宙と呼ぶ空間へと参入しています。その存在たちの内なる次元を観察すると、何のブロックもありません。彼らのハートの最奥の欲求を完全に顕現させるための障壁はありません」

「それはおそらく、彼らの奉仕者としての役割を貫徹するためのたゆまぬ努力の成果と言えるでしょうし、また、地球で転生を重ねながら積み上げてきた学びや純化したハートゆえだとも言えるでしょう。どんな理由であってもいいのです。大切なのは、それが『今』起こっているという現実です」

「どういうわけか、フィールドはわたしがシャンバラ・フリーウェイと呼ぶものへと収束しています。シャンバラ・フリーウェイはマトリックスから潮流のようにあふれる恩寵の流れであり、それ自体が流れる方向を決定できる意志を持った潮流というべきものです。このことも何も新しいことではありません。共同の創造のプロセスでは、誰もが自らが創造の力を有していることに気づいています」

「わたしたちがみなひとつであり、つながり合っているならば、誰かがアクセスできるものは、その同じパラダイムにチューニングし、波動を合わせれば、みんながアクセスできるようになります。制限があるとするならば、それはフィールドがどう応答するかということです。すべての創造のエネルギー源となるものは愛です。わたしたちが愛を経験し、フィールドに注ぎ込めば込むほど、より楽に高次のパラダイムを具現化できますし、より多くのサポートを得ることができます。なぜなら、愛は愛を呼び込むからです」

「端的に言うならば、わたしたちは今、もっとも力強く崇高な愛と叡智、力にアクセスできるようになったということです。それらのパワーが人類の進化の道をガイドし、ハートの最奥の欲求を満たすべく、ある特定の方向に向けて、押し進めてくれるのです」

「わたしがこれらの言葉を書いていると、外では雷が轟き、雨が降りはじめました。当然のことながら、すべてはわたしたちから始まります。多くが浄化をすませ、本質である神性を発現させて、アセンション（次元上昇）した特性を帯びながら、愛と恩寵のフィールドで生きています。そして、自らの天国を具現化させています」

「次になすべきことは？」

「すべてを成し遂げたあとは、ここで何をすればよいのでしょう？」

「奉仕すること」

「完全に、非の打ち所がないくらいに。愛と叡智をもって、裁かず、ただ全体善のためにそこにいて、なすべきことをする。何の執着もなく、行えばよいのです」

女神からのチャネリング・メッセージ
――ただ沈黙し、知ること――

沈黙すれば、わたしの声が聞こえるでしょう。静止していれば、「I AM（アイ・アム）」の力のさざ波を感じることができるでしょう。あなたを取り囲む沈黙のうちに、内なる存在の静止のうちに、わたしの持つすべての秘密を知るでしょう。静止し、沈黙し、そして知りなさい。あなたの奥深くの平安にそっとよりかかり、静かに生の歩みを進め、生きとし生けるものとそのすべてに命をもたらす息に気づいていなさい。沈黙のうちに、静止のうちに、静かな歩みのうちに、**すべては知るものとなる**でしょう。

さまざまな道

ハートに女神を持ち続け、叡智の扉を開いたままにしましょう。新たなサイクルが流れ込んできます。新たな存在のあり方、笑い声をもたらす夜明け、そして、リラックスした喜びがあとに続くでしょう。女神の声が聞こえてきます。わたしたちの奥深くから響いてきます、あなたにも、わたしにも。ハートが開かれるほどに、その声は高くなります。慈悲の心を感じれば、思いやりの扉の前に立つでしょう。

多くの名前で呼ばれてきました。たくさんのサイクルを見てきました。さまざまな道が試され、さまざまな道が、今、目の前にあります。いろいろな風味があります。長いもの、短いもの。多くの道で試行錯誤し、数えきれないほど眠りに落ちました。さまざまな道で踊り、たくさんのリズム、いろいろな足どり、数えきれないほどの時間を経て、わたしたちは集い、甘美な歌を歌いました。

別の道が姿を現しました。たくさんの人が呼びかけに応え、新たなヴィジョンへと一歩を踏み出しました。人生というホールで踊り出すかのように。内側から鼓動する愛を感じます。すべてのハートが歌い出すような純粋な感情とともに。新たな鼓動が生まれました。内面の奥深いところから流れ出す潮流は実に美しく、神に守られたわたしたちの歌声に合わせて、漂っています。

たくさんの魂が歌いにやってきて、たくさんの歌がみんなをチューニングしています。人生の翳《かげ》りを払拭する存在の新たなあり方。さまざまな風味が今、母、娘、祖母をひとつにしています。姉妹、子、父、兄弟など、あらゆる人々が融合しています。そう、今、大勢の人たちが立ち上がり、これまでもずっとわたしたちの呼びかけていた、真実の愛の歌を歌っているのです。

ですから、この真実の女神の声に耳を傾けましょう。あなたとわたしの奥深くから聴こえてくる声に。わたしたちのハートが開くほどに、彼女の声は鳴り響きます。そして、慈悲の心を選択したわたしたちは、思いやりの扉の前に立っているのです。

融合した道

いくつかの道は、あなたとわたし、そしてすべてを溶かし、のみ込んでいきます。また別の道は、激しくあおり立てるでしょう。他の道は、よりひっそりとした様相で、わたしたちを凍えさせます。わたしたちを真新しく生まれ変わらせる道もあれば、配線をし直してくれる道もあるでしょう。そして、ある道は、存在の奥深くから呼びかけてきて、どんなものにもかき消されない明確なヴィジョンを示してくれます。

また、曲がりくねった道もあれば、まっすぐとした一本道もあるでしょう。

わたしたちの魂を捉えて離さないような、魅惑的な道もあります。

栄光はいつもそこにあり、過去から呼びかけるのと同時に、未来から光を放っています。わたしたちが本物のひとつのハートに触れるように。内面の奥深くに流れる川は優美で、偉大です。その流れはいつも調和がとれていて、人生の潮流とともに漂います。

存在の道は、自分が何ものなのかを知るためにあり、愛の道は、ハートの最奥の純粋さに触れるためにあります。わたしたちを真新しく生まれ変わらせる道もあれば、配線をし直してくれる道もあるでしょう。そして、ある道は存在の奥深くから呼びかけ、どんなものにもかき消されない明確なヴィジョンを示してくれます。

そうです、変化を強いられるときもあるでしょう。けれども、最後には本物の成長が訪れます。ハートのなかの愛の呼びかけに答え、行動を起こすチャンスを与えるために。

実用的なエクササイズ

・愛の呼吸法を行い、脳波をアルファ波からシータ波の周波数域に保ちます。それから、次元間領域から真心を込めた愛のビームを送り、聖母のコズミック・ハート（宇宙の心）につながります。

・真摯な祈りを通して、あらゆる形態をまとった女神に、あなたをガイドしてくれるように願います。祈りによって母なる女神の叡智を受け取り、あらゆる次元であなたが調和的に生きることができるようにします。

・身体は、現実の出来事と想像上のものを区別できないことを覚えておきましょう。真心を込めた祈りはすべてに利益をもたらすので、願いは聞き届けられます。

・**存在性と融合の瞑想法**（**BEingness & Blendings Meditation**）も、宇宙的な愛と叡智の流れに回路を開くことに役立ちます。（72ページ参照）

「わたしの見解では、スピリチュアリティ（霊性）とは、心・精神を変容させることです。そのためのもっとも良い方法は、利他的な考え方を習慣とすることです。ですから、倫理観は誰にとっても現実世界でのスピリチュアリティの基盤となるものであり、ひとつの宗教に限定されるものではありません」

「わたしが申し上げるスピリチュアルな革命とは、宗教的革命ではありません。それは、わたしたちの態度を倫理的な観点から再構成することを意味しています。つまり、他者の欲求を我が事のように考えられるかどうかが問われるのです」

「わたしが申し上げるスピリチュアルな革命とは、物質的な進歩やテクノロジーなどの外的な条件に依存するものではありません。それは内面からわき起こるもので、よりよい人間になるために自分を変容するという崇高な欲求から動機づけられているのです」

ダライ・ラマ法王『わが霊的な自叙伝（My Spiritual Autobiography）』より

続・平和の道12

次元間と多元宇宙的なコネクションは続く
宇宙の同僚たちからのメッセージ

ステージとツール……

「自らの神聖さを体現しようとするならば、人生というフィールドのなかで、わたしたちは冒険を通してさまざまなステージを辿っていかなければなりません。それについては、わたし自身の著書も含めて多くの文献で記されています」

「最終的にわたしたちは、万物の中に善と神しか見ることができないくらいの、究極の完璧さの領域に行き着きます。そこにおいて、すべての飢えは消滅します」

「することではなく、『ただ在ること』の領域でわたしたちの個人的なエネルギーが求めに応じる形で、何の苦もなく恩寵とともに世界に放射されるのです。それに対して、フィールドが応答します」

「個人的なエネルギーの放射は、それがどんな現実のモデルかに関わらず、わたしたちを取り囲む世界に影響を与えます。それは、磁気的な引き寄せの自然法則に過ぎません。だからこそ、自分がどのようなエネルギーを放射しているのか自覚することの大切さが強調されているのです。また、自分自身をチューニングするためのおびただしい数のツールが、先住民族のシャーマンやヨガ行者、形而上学の探求者らから提供されているのもそのためです」

「一度チューニングされれば、自分が違う次元に参入していることに気がつくでしょう。愛と光、叡智の偉大なる存在と融合し、ブレンドされるのです」

健康と地球の子どもたち

次にご紹介するものは、本書のなかの多くの詩と同様に、銀河間連邦世界評議会――多くの地球人と連携している集合体――とのコンタクトを通じてチャネリングされました。

彼らは次のように述べています。

この大変革のときに、大勢の人たちがたくさんの「dis-ease（楽ではない状態＝病）」を目にしています。

未だに不安定な状態で、恐れのゲームにはまってしまっている人たちもいるからです。また、あなた方の教育制度は、人々をひとつにするという洞察をもたらすのとはほど遠い教育を行っています。良質な教育ができれば、すべての人が、自分自身はもとより、世界の子どもたちの人生を、真に活気づけられるような選択ができるようになります。

こんな考え方があります。

健康……そして地球の子どもたち

政治家たちは、解決策と好機のあいだで、行ったり来たり、くすぶっています。だけど、あなたとわたしは、新たな時間と歌に向かってずっとハートを開いています。

裁いたり蔑《さげす》んだりする人たちは、もう要りません。前進することをいとわない人たちがいるだけ。誰もがパートを持っています。基調となる偉大な歌と、旋律を、わたしたちのハートは長いあいだ運んできました。多くの存在たちが静寂のカーテンの後ろに控えています。宇宙のヴェール、その薄さゆえにすぐに分かります。すべてが明かされ、手に入れることができたとき、呼吸するたびに、誰もが身を委ねるでしょう。薄膜《ヴェール》が取り払われ、混ぜ合わされてひとつになれば、すべてがひざまずきます。宇宙のハートの鼓動を探し当てるにしたがって、あなた方の惑星は急速に上昇しています。洗練されたウェーブが地球に押し寄せ、あなたのハートの密度を緩めようとしているのです。

あなた方の基盤は揺さぶられるでしょう。けれどもハートを開いていれば、前を向いていられましょう。新時代の幕開けが近づいています。世紀末の警告について誰もが見聞きし、多くが暴かれますが、それはすべてあなた方のなかに、配慮の道を築くためです。

さあ、精神もマインドも健全になるためのときが来ました。しがらみから自由になり、リラックスできるときが来たのです。内なる洞察とともに健やかな身体と、それが本物だと分かる健やかな感情が訪れます。いとも簡単に健康になるときが来ました。たくさんの人たちが語る福音。ライフスタイル、リズム、鼓動を変えましょう。みなが出会えば、それぞれの態度が変わります。それは新たな存在のあり方、本物の人になるということ。すべてが刷新されるように、クリアな意図を放ちましょう。

あなた方はどこに向かっているのでしょう？　どんな風になりたいのでしょう？　心地よく、自由になるために何が必要でしょうか？　ポジティブにふるまい、万物に善と神を見なさい。そして、あなた自身と隣人に優しくありなさい。

語り継がれし、古代の賢者の智慧。彼らの言葉はもう一度、今に返り咲きます。新たな時代は、あなた方をあるべき場所へと連れてゆきます。今、目の前に立ち現れた川が、「さあ、来なさい、そして与えよう」と呼びかけています。「ああ」という感嘆の声とともに。

すぐさま立ち上がり「はい、意のままに」と答えなさい。心から委ねることが肝要です。ひとつになり、考えなさい。何が今、地球と子どもたちにとって最善なことなのかを。

自分について、あるいは挫折やさらに悪い出来事について忘れなさい。痛みを伴う自己陶酔や自己中心性も。どれも取るに足らないものばかりです。脇において、代わりに子どもたちの犠牲に注目しなさい。子どもたちはどんな夢を抱き、何を地球にもたらそうとしているのでしょう？　この地に、神の微笑みを注ぐことができるのでしょうか？

健康と幸せ、輝くような若さと満面の笑顔、そして誠実な心。輝く瞳の幸せな人たちは、喜びに満ちあふれ、最善のあり方を楽しみながら探求しています。

「わたしたち」という大海のなかにある、他の多くの世界で目にするのは、そうした姿。この巨大な海について話したことがあります。愛の活動から生まれる鼓動を持つその海のことを。若者たちのために、最善の夢とは何でしょうか？　みんなが楽しめるためのリズムとはどんなものでしょうか？

もう少しだけ、そこかしこに磨きをかけてシフトしましょう。みんなで共有する夢、というひとつのヴィジョンを通して。そうやって、国々はこれまでひとつになりました。そうやって、立ち上がり、智慧の扉を見つけたのです。

思いやりと慈悲の心を歓迎しましょう。あなた方を抱きしめ、束ねてくれます。もう二度と低い欲求によって目をくらまされません。飛翔しましょう、より高く、高く。

もはや伝えたいことは、さほど残っていません。健康を違う見方でとらえなさい、ということを除いては。健康とは何でしょうか？　答えを知っているのはあなただけ。どうしたら輝かしい健康を感じられるのかを。

地球の子どもたちの健康も考えなさい。健康な惑星として新たな宇宙に住みましょう。思いやりと慈悲の心が入国カードとなりましょう。わたしたちのいる次元を楽しみ、飛翔の星となるために。

招待状

遠い昔に、わたしたちの存在を明かしました。わたしたちは今、ここにいます。慈悲の心と思いやりをもってこの地球に生きる、開かれた人たち、より気づきを深めた人たちへ向けて、流れのなかで語りかけています。わたしたちの世界はものすごいスピードで融合しています。もうすでに話したように、たくさんの理由があります。あなた方は一度、ともに結びつき、平和なときを過ごそうと、わたしたちに呼びかけました。幸せになるために、気づきを深められるように、と。出会い、分かち合い、ハートをつなぎ合うということ。何一つ分離しないヴィジョンに気づくために。

愛のマトリックスのなかで、あなたのハートに呼びかけるのは何でしょう？　あなたは上方と下方のどちらの流れを求めているのでしょう？　それは、光り輝くウェブであるとあなた方に伝えました。愛の波、輝く光線で紡がれたウェブです。わたしたちの融合はいとも簡単で優雅です。そこに参入し、住処とするすべての人たちを力づけるリズムを持っています。想像してみてください。あなたが地球に生まれたときに、分離したものへと還ることができたとしたら？　わたしたちにとってあなた方はスペシャルです。あなた方のリズムを愛おしく思っています。誉れと畏怖の念をもって、ともに歩きましょう。

地球という密度の重い次元で、あなた方は長らく停滞していました。けれども、慎み深い愛と叡智に今、あなた方は目覚めました。ですから、今この瞬間にあなたは何を選択しますか？　あなたの内なる目で、わたしたちがそばに立っていることが見えるはずです。流れとして明確に伝えるわたしたちの見方を、あなた方はどのように感じますか？

平和の道は、親愛なる存在の元へとあなた方を連れて帰ってくれます。

ありがとう

ＤＯＷ（内在する聖なるもの、内在神）より、あなた方の意識が拡大していることから、進化が今、急激に、爆発的に起こっています。わたしたちはこれまでもそのことを、すべてのマニュアルで述べてきました。

今あなた方の領域では、まだ知らされていないことがあります。しかし、わたしたちからは、マトリックスのなかにあるあなた方の領域がよく見えます。そして、あなた方の青い惑星が「わたしたち」の海に参入していることが分かります。

あなた方に呼ばれたので、わたしたちはあなた方のフィールドにいます。あなた方は、自らの冒険のアシストをしてほしいと依頼したのです。平和は今、強いパルスとなって、母と子や、他の人たちの素晴らしいハートのなかで脈動しています。

彼／彼女らもみな、互いに惹き付け、融合しています。そして、もう一度、よりよいものに浴することができるように。それは、あなた方を価値判断するものでも、急き立てるような鼓動でもありません。ただあなた方の呼びかけに対する「わたしたち」の海からの応答なのです。

わたしたちは、個性を持ちつつ、融合されます。精錬化された振動数のウェブを介して、互いのエネルギーがつながったのです。わたしたちのフィールドのどこかが精錬化されてきています。この収穫を味わうために、長い年月を生きてきたのです。

それが、ブレンドされるということです。もう誰もが知っています。わたしたちが成長し、感じ、開き、沈黙することでリズムを変えるのです。耳を傾けることと学び、わずかな起伏を感じ取るのです。

あなた方が呼び込まれる道があります。そのときに優勢な歌によって運ばれていきます。あなたが脈動するすべて、感じるすべてに意味があります。人生をリアルにするために必要なのです。

けれども、あなたの知覚することやその他多くのことは幻想にすぎません。人生というダンス・フロアをただ流れてゆくのです。わたしたちのエネルギーに触れながら、この生命の魔法を探求するにしたがって、ミックスし融合していくのです。

あらゆる瞬間に選択することができます。互いに結びついたときに滋養を与え、満たしてくれるリズムもあれば、わたしたちを消耗させ、踏みつけにするようなエネルギーもあります。狂信的な、あるいは酩酊させるようなエネルギーです。

わたしたちもかつては通らなければならなかった道です。何かを学ぶために、誰かが望んだ道だったのです。それをカルマと呼ぶ人もいるでしょう。でも、みんなが輝きはじめたときに、それは取るに足らないことであったと分かります。

今を愛するために、過去に「さよなら」してキスすることができますか？　あらゆる瞬間を愛し、最高の意図を注ぎ込むことはできますか？　愛の風味を味わい、それが本物だと感じることはできますか？　そうすれば、あなたのできることは「ありがとう」と言うことだけだと分かるでしょう。

心から感謝します。自らの奥深くに、潮流のように流れる平和のリズムを感じることができます。ですから、わたしにできることは、心の奥底から愛する存在たちに「ありがとう」と言うことです。「ありがとう」と告げることからはじまるのです。

Yes（はい）

遠い昔に、あなたは何に対して「はい」と答えたのでしょうか？　愛の道を永続するべきときは、今ではありませんか？　誰もが選択できます。心を開き、思いやり深く、他者に親切にできるのか、あるいは、心を閉ざし、疑い深い人になるのか。

あなたは今、フィールドのなかで平和に生きることができますか？　リアルな何かとともに脈動し、ひとつになることができますか？　わたしのハートに流れる愛のリズムは、みながその一部であるという優しい気づきなのです。

ただ、「はい」と言えば良いのです。

ただ、フィールドのなかの愛のリズムに「はい」と言えば良いのです！　ただ、叡智の偉大な収穫を楽しむことに「はい」と言えば良いのです。ただ、あなたの存在のあらゆるレベルにおいて、わたしたちの高まる知性の純粋なパルスを感じられるように要請すれば良いのです。

調和の鼓動のなかの愛と叡智をもって、出会う存在すべてと優雅に共生します。喜びをもって、尊重し、愛し、分かち合い、必要ならばどんなひな形も磨き上げるのです。

はい、わたしはより純粋な次元に開き、もう一度本当の幸福に今、開いています！

また、活力をもらい健やかなリズムに今、開いていることを宣言し、わたし自身や周囲に何の利益もないあらゆる病から解き放たれます。ただ、「はい」と言い、より高い次元へと移行しましょう。

より高次か、良いのかは関係ありません。それは補足的な側面と呼ばれるものです。平和や悟りを求めている人たちは、すべてのことに最善を尽くすだけです。

ただ、「はい」と言えば良いのです！

「ＩＡＭ（アイ・アム）」はわたしたちに今、語りかけています。今ここで、一歩を踏み出し、心の中で誓いを立てなさい、と。

宇宙の同僚たち——コンタクトのための追加的なデータ

もっと具体的なチャネリング・メッセージを知りたい方は、わたしの著書『Cosmic Colleagues - Messages from the Masters（宇宙の同僚たち―マスターからのメッセージ）』（未邦訳）という本をご覧になってください。この変革のときを通過するのを助け、インスピレーションを与えるために、愛情深く、時代を超えた、洞察のいっぱいつまったチャネリング・メッセージを厳選してお伝えしています。

セント・ジャーメイン（サン・ジェルマン伯爵）は次のように語っています。

マスターは、神の王国の内で肉体を持って生きるときに、どんな経験をするのかについて識別することができます。どんな表現体を取っていようとも、マスターはあらゆる瞬間に完全に覚醒していられるように、今ここに存在しています。

聖母マリアより。

スピリットと理性は、手に手を取って歩んでいます。スピリットの許可があってはじめて理性があなたに届けられるのであり、理性はスピリットから生まれたからです。理性は羊飼いの元へ帰る羊のようなものです。黙想の時間を持つことで、あなたを構成するすべての要素と調和をはかることができます。人間であることを受け入れ、価値判断をせずに自分自身のすべてを愛することができるようになります。愛が、本当の変容を持続させる唯一の力であることを忘れないでください。

瞑想

・光の存在――聖なる存在と銀河の家族（Holy Ones and our galactic family）――と内なる次元でつながりたいと願う人たちのために、より深い瞑想法をｉＴｕｎｅｓからダウンロードすることができます。（英語）（34ページ参照）

・また、これらの瞑想法のイントロダクションを、Ｙｏｕ　Ｔｕｂｅ番組から無料でご覧いただけます。

聖者たちとつながる――宗教を超えた瞑想法（Holy Ones Connection - Beyond Religion Meditation）：マトリックスのなかの意識の流れにチューニングするためのものであり、その意識の流れには**聖なるもの**がしっかりと根ざしています。この瞑想法を行うことで、聖なるもののもっとも純粋な教えの本質を見出すことができ、同時に宗教を超越することができます。

さらに、もしもあなたが必要だと感じるならば、**宇宙との結合――銀河一族の瞑想法**（Cosmic Connection - Galactic Kin Meditation）を活用しましょう。この瞑想法は、次元間領域で銀河一族との接続を可能にし、より高次なパラダイムにおいて、どのように調和的な共生を楽しむことができるのかを理解します。

実用的なエクササイズ：補足版

・宇宙の同僚たちの領域にアクセスすることは、彼らの内なる次元のチャンネルに合わせることを意味します。わたしたちの日々のライフスタイルに加え、マニュアルで紹介していることを実践することを通して、可能にします。

・愛の呼吸の瞑想法（Love Breath Meditation）も、彼らの領域に同調することを可能にするパワフルなツールです。

「……慈悲の献身する心は、あふれ返る容器に似ています。それは、エネルギーや決意、善の絶え間ない源なのです。慈悲を種になぞらえることができます。それを植えて育てるならば、寛容さや忍耐力、内的な強靭さといった素晴らしい特質を花開かせ、恐れや不安を征服することができます。慈悲の心は妙薬のようです。それは逆境を有益な状況へと変えてしまう力があるのです……」

「……地球規模での責任意識は、個人の幸せと世界平和を保証する最大限の基盤となるものです……」

ダライ・ラマ法王『わが霊的な自叙伝（My Spiritual Autobiography）』より

ルネッサンス
― 再生するために ―

フェニックスは火のなかに飛び込んで灰となり、その元の姿が変容したもの（灰）から再び誕生し、まったく新しい自分になりました。いったん丸裸になって改造され、一見すると破滅的なカオスのなかから、新たな姿で立ち現れました。カオスがなければ、再生することはなかったでしょう。

エックハルト・トールは『ニュー・アース―意識が変わる　世界が変わる』（サンマーク出版）という著書とDVDのなかで、人々がもっと自らの本質《エッセンス》（彼は、生命の流れと命名しています）と同一化する一方で、日々の出来事からは距離を置く必要性をうったえています。その流れに戻ることによって、より無執着な状態となり、どのように日々の出来事を調整すればよいのかがはっきり分かります。したがって、わたしたちは外的な出来事の影響を受けることが少なくなり、もっと効率的に生活することができるようになります。多くの人が述べているように、エックハルトも世界の変化に対して、リラックスし楽しむことを奨励しています。あらゆる変化がわたしたちの文明を再生させるための刺激になっているのです。エックハルトによると、金銭や愛する者、健康の喪失は、どの程度生命のエッセンスから切り離され、特定の人生の状況のなかに縛られているかによって、恐ろしい事態になるということです。生命のエッセンスとは、わたしたちがあらゆる瞬間に存在していれば、感じ取ることができるものです。形而上学の実践者――生きることの科学を学んでいる者たち――ならば、そのことを知っています。わたしたちはあらゆる本を読み、そのなかの印象に残ったものやインスピレーションを与えてくれたすべての智慧を活用しています。

はたして、そうでしょうか？

わたしたちがその智慧を経験的に活用できており、それが生きた真実になっているかどうかを試すためだけに、あたかも量子フィールドを司る法則は、わたしたちがその活気に満ちた本質にしっかりと固定されているかテストしているようです。

去年、継娘を癌で亡くすという経験は、まさにこのテストのひとつでした。わたしだけではなく家族全員が違ったレベルで体験したので、それぞれが異なるレベルのサポートを必要としました。けれどもそのとき、全員にとって無執着ということが極めて重要な共通の要素となり、彼女の超越という選択を、より大きな像から理解することを可能にしてくれました。継娘の本質がこの人生で特殊な経験をし、彼女とともにそれを生きることによって家族全員が成長したということ、そして、彼女の本質がこの次元を離れることで、愛をもって手放すということを知ったのです。

わたしはこれまでも、世界的な金融危機の影響で経済状態が悪化するのを見てきましたし、個人的にも体験したことがありますが、通貨や資産価値、投資全般の下落による市場の変化は、不確実な経済構造の不安定さを反映しているにすぎません。また、経済構造がバランスを取り戻し、再生されるためにこうした変動は必要なのです。

人生で訪れるカオスを通過し、その影響を受けずにリラックスして明晰でいられるためには、本物の豊かさは本質の中心から生じるものだと知ることです。それは、自由という本当に素晴らしい贈り物だと言えます。

人生の状況は変わりますが、わたしたちの活気あふれる生命の流れは不動です。その核たるものは常にパワフルで純粋です——それに対するわたしたちの経験だけが変わります。この本質の活気に満ちた生命力を内側から強く感じられているとき、わたしたちは想像がつかないほど豊かになれますし、そのパルスが無視されていれば、それを人生の浮き沈みとして体験し、幻想と制限に引っ張り込まれてしまうのです。

瞑想の経験を通して心を静寂にし、今の瞬間にとどまることができれば——すなわち本質のエネルギーの中心に開き、気づき、浴すことができれば——結果として、より創造的になれるだけではなく、よりクリアな洞察を得ることができます。そのことによって自分の人格がつくり出した幻想の世界にどっぷりと浸かることから生じる感情的なアップダウンを体験せずに、効率的に日々の出来事に対応することができます。

わたしたちの2012年のツアーを通して、くり返しテーマとして浮上していたのが「同一化」です。わたしたちが自らを、人間としての体験をしている純粋な本質であると同一化し、そのプレゼンスに同調しようとしているとみなすと、すべてはうまくいき、この世界での生活をあるがままにみることができます。ですから、感情面においても、自発的で創造的、明晰かつ至福と喜びに触れることのできる深い平和と充足感の領域にとどまっていられるのです。

一方、人生の出来事に過度に心を奪われ、人格的自己に引き戻されて、そこに同一化してしまうと、とたんに人生の試練と人間であることゆえの諸々にわたしたちは圧倒されてしまいます。

今、人類が体験しているこの再生とルネッサンスの時期に、わたしたちが自分自身とお互いにしてあげられる最大限の奉仕とは、これまで以上に自らの本質と——ライフスタイルを通して——しっかりつながっていることです。このエネルギーの流れのなかで、わたしたちはもっとも力を発揮できるのです。

これまでのまとめ〈平和の道 実用法 短縮版〉

道1 リズム

わたしたちが世界に紹介した最初の平和の道は、リズムを理解することです。すべてはエネルギーのシステムにすぎず、人生のウェブのなかで、絶えず相互作用し、影響を与えています。

人生はリズムであり、程度の差はあれ、調和的か不調和的なものがあるということと、わたしたち一人一人がエネルギーのシステムであるということを理解することによって、どうすれば自分のリズムを変え、人生のウェブや世界の進化のプロセスに影響を与えればよいのかが明らかになります。

個人的なリズムを変えることによって、創造のマトリックスにおける自分のポジションを変えることができます――それが、共鳴の法則です。そして、より相互に向上できるようなパラダイムをもつ次元へと移行できるのです。こうした知識を得、実践することによって大きな平和がもたらされ、一人一人が自己主権的になっていきます。

道2 祝福のゲーム

二つ目の平和の道は、過去を承認することです。わたしたちがどこから来たのか、または先祖からの系譜や、過去にどんな体験をし、そこから何を学んだのかといったことです。そして、それらすべてから学び成長し、祝福を受けたことを認めます。
　すると祝福のゲームが過去の扉を閉め、わたしたちは深い祝福の状態を味わいながら、新たな人生の章を開きます。そして、この深い祝福のエネルギーに、宇宙フィールドの無限の叡智が応答し、さらなる祝福をもたらすという循環が起こります。

道3　空間の要請

ここまでは、自分自身と世界に恩恵をもたらすために、リズムを変えることのパワーを理解し、過去からの祝福を承認し、新たな章に移行する決意を固めました。この道3では、個人としても地球全体としても自分が新たな存在に移行するときに、どんな空間を要請したいのかについて調査・査定《アセスメント》します。自分が何をどういう理由で具現化させているのかについてはっきりと認識することも、大きな幸せをもたらします。また、自分が心の底からこうありたいと望む姿を要請することも、全体善に貢献します。

道4　王国

四つ目の平和の道は、相互依存に関する意識を高めてくれます。わたしたちはみなつながっているのであり、したがって、わたしたちがどのような役割を持ち、どのような周波数を発しているかによって、互いに影響を与えているのです。
　この道は、わたしたちに賢い王／女王の靴を履くように促し、自らの王国で自分がどのような影響を与えているのかを調査・査定《アセスメント》するように呼びかけています。自らの王国は、わたしたちの社会であり、真実の自己が主権を持つことやより根源的な原因に接近すること、そして宇宙の法則を理解することが求められています。

わたしたちの社会や家族生活というものが、最善の状態で動いていると知ることも、大いなる平和をもたらします。

道5　次元と選択

この道は、わたしたちがマトリックス上でアクセス可能なさまざまな次元を知ることによって、どのような次元を要請するのかが分かるようになるためのものです。

わたしたちの世界はシフトしています。わたしたちは全体としてより高次な意識へと共鳴／共振によって進化しようとしているのです。地球上のいかなる激動の最中にあっても、そのことを知り、リラックスして平和を感じていることを自分にゆるしましょう。この道は、わたしたちがどのような現実を住処としていきたいのかについて明確な指針、意図を保持し、獲得できるように助けてくれます。

道6　門戸とゲートキーパー

この道では、ゲートキーパーとは何者なのかについて紹介しています。ゲートキーパーとは、ある特定のエネルギーを放射することを通して、持続的な平和に続く正しい入り口へと、人々を案内する役割を持っている人たちのことです。また彼らは、磁気的な引き寄せの法則や、個人的なエネルギー・フィールドをどのように精錬化していくのかについて教えてくれます。

道7　健康で最高の気分

この道は、深い次元で内なる平安と外界での平和を体験できるように、ライフスタイルの8つのポイントを紹介しています。この変動の世における優れたゲートキーパーたちや奉仕者のように、わたしたちも完璧な扉を発見することができます。

そのライフスタイルを実践することによって、慈悲深く利他的な人となり、世界資源にそれほど依存しなくなります。

道8　成功のコード

道8では、詳細なプログラミング・コードと実用的な洞察を提供しています。宇宙の共鳴の法則の磁力で引き寄せる性質を介して、平和に満たされ、充実した人生を創造します。

道9　内なる導師とわたしは融合する

この道は再度、自己の主権性、アセンション（次元上昇）、悟りに加え、ヨガ行者の言うところの「ビー・ヒア・ナウ」の叡智、すなわち、「今ここ」の現実に存在することの意義を説くものです。

それは、創造のマトリックスにおけるわたしたちのコミットメントを見つめるもので、わたしたち自身の純粋で完璧な側面と融合しひとつになる聖なるゲームへと導きます。そのことによって、わたしたちは真に平和で自由となります。

道10　愛

道10では、聖なる結婚をより深く見つめ、聖なる結合、タントラ、あるいはヒエロス・ガモスが何であるのか、また、最愛の存在とはどのような存在なのかを理解しようとします。

道11　プラーナで生きる

この道は、本物のタントラの状態から生じる自由を見つめます――それはワンネス（一体性）を意味します。この融合された状態は、神を呼吸する者へギフトをもたらします。

実用的なレベルでは、自らの無限の聖なる本質――内なる資源――から供給することによって、世界の食料資源への依存を減らすことができます。

道12　次元間と多元宇宙的なコネクション

道12は、わたしたちの宇宙の同僚たちの多元宇宙的、次元間の現実へと回路を開き、彼らからの招待状――すなわち、地球が惑星として進化し、より高い次元での表現ができるようになること――を受け取ることを可能にします。また、わたしたちの平和への探求の想いに対する彼らの応答と、そのためのいくつかの適切なメッセージを受け取ることができます。

真の平和は、自分自身を知ること、本当の自分とは何かを経験すること、さらに、自らが多次元間でつながり合うことができる種だという真の潜在性を理解し、経験することから生まれます！

今、わたしたちは、光の存在の友人たちと宇宙の同僚たちから贈られた平和の道を確認しました。次に、**本質で在ること**に関する実用的な面に触れ、王国の現実への鍵を手にしましょう。

第２部

本質《エッセンス》で在ること

BEING ESSENCE

本質《エッセンス》とは

本質《エッセンス》とは、「すべてなるもの」であり、在るものの中で「至高のもの」です。

本質は純粋な愛の波となり、パワフルに凌駕します。

本質に平和の道があります。前進する道です。

本質は舞台裏で漂っていますが、すべてをその前に引き寄せます。

本質の歌はとても純粋で、開かれたハートは耳を澄ませます。

本質はわたしたちのコア（内なる核）から満たし、放射し、輝きだします。

本質は魂を通して滋養を与え、わたしたちを畏敬の念で満たします。

本質は創造の核《コア》であり、賢者の思慕の対象です。

序文

他の人たちと同様に、わたしも毎日を深い平和と充足感のうちに生きています。わたしのハートの祈りは常に感謝で満たされ、わたしの魂は音楽と歌でいっぱいです。ここに至るまでの道のりは遠いものでしたが、とてつもなく興味深いものでした――少なくとも、わたしにとっては。

40年近くを瞑想し、20年近くを肉体的にはプラーナによって滋養を与えられ、さらに18年間、常に世界中を旅して回ることを通して、わたしの個人的な人生のリズムは、祝福され、慈しまれ、滋養を与えられ、そしてとても良く面倒を見てもらい、愛されるという状態にとどまることができました。わたしの人生の質は豊かで、ハートはさらに豊かさで満たされています。（編註：原文は2013年発行）

ここ数十年のあいだ、わたしは家族を持ち、3人の孫がこの世に生まれてくるのを見るという喜ばしい経験と深い学びを得ることができ、また、友人や愛する夫とも、とても親密で愛情に満ちた関係を築くことができました。

こうした経験のなかで、誰もが人生で遭遇するような多くの試練にも見舞われました。とくに、愛する人たちがちがう世界へ旅立っていってしまったときはそうでした。けれども、人生の大きな試練はどれもが、長く険しい人生のゴールにたどり着くために必要不可欠であった徳をもたらしてくれました。

わたしが7歳のとき、人生のゴールは聖書でイエスが述べていた天国を見出し、そこに居住することでした。しかし、のちにそれがアセンション（次元上昇）や悟りを開くことに変わっていきました。16歳のときに、インドの聖者たちがわたしの人生に参入してきたのです。その存在は、まさにわたしが望むようなエネルギーを携えていました。彼らは、平和で賢く、優しい、愛情に満ちた存在でした。わたしはそのエネルギーに出会うまでは、自分がそれを欲していたことに気づいていませんでした。毎日のサットサン（訳註：サットサンガ。サンスクリット語でサット「真実、純粋」のサンガ「集い、共に座す」を意味する）のなかで、その存在たちは、意識を内側に向けたときに発見する神秘の領域を分かち合ってくれました。

転換点となったのは、彼らがわたしに瞑想を教えてくれた日でした。それは、まさに「ああ！」と目から鱗が落ちるほどの瞬間であり、今でもそのときのことを決して忘れることができません。古代ヴェーダの技法を使うことによって、はじめに第三の目が、次に体全体がまばゆいばかりの光へと爆発し、完全に溶け去ってしまったのです。そして、光とともに愛と純粋さ、深遠なるものがやってきました。その愛は本当に神聖で、ありとあらゆる飢えからわたしを解放してくれたのです。

しばらくのあいだ、わたしは完全に覚醒し、自由でした。その体験を通して、わたしは自らの「悟った本質」を知りました。わたしの奥深くのどこかに、この純粋で完璧、愛情に満ちた賢い存在がいるのですが、残念なことに、その存在は姿を現した素晴らしい瞬間のあとに、遠いどこかに身を隠してしまったのです。そして、その体験の虜になってしまった若くてナイーブなわたしだけが残されてしまいました。

このような体験は決して描写することも、そこから背を向けることもできません。なぜなら、わたしたちの本質は、もっとも誘惑的で完璧な恋人だからです。

それが立ち現れたときは、わたしたちの細胞のすべてを満たします。**それ**はわたしたちの内面の領域からやってきて、あらゆる分子のなかを通り抜けるのです。それはわたしたちの存在の根本の素材であり、わたしたちに息を吹き込み、あらゆる生命に愛情深く表現を与えるのです。あらゆる王国、すべての領域の基底をなしているのがこの本質であり、あらゆる創造の背後に流れる周波数なのです。

聖者によって体験され、語られているように、どのようにすれば本質に触れることができるのかは、ぜひとも学び取りたい技法です。けれども、わたしたちが試行錯誤できるための道はたくさんあります。というのも、すべてはいろいろなリズムがブレンドされて融合し、選択さえすれば、最終的には王国に導かれるためにあるからです。

そしてありがたいことに、天国という名の王国に入るための入り口が用意されています。その入り口は、周波数としてわたしたちの内面の奥深くの歌にあり、波長を合わせることができれば、そこに生きることができるように開放されるのです。

わたしはこれまでに、こうした情報について38冊の本を執筆し、今では18カ国の言語に訳されていますが、ここ数年間のわたしの関心は、数百もの動画による無料の情報をＹｏｕ Ｔｕｂｅ番組で提供することです。たくさんの人たちが、短いエンターテイメントあるいは教育の番組として楽しんでくれているようです。

しかしそうしたなか、夢見心地でまどろんでいたある朝、ブルガリアのソフィアという聖地でわたしは、再びペンを握ってこの本を書くようにガイダンスを受けたのです。そして、これまで長いあいだ、さまざまな方法で世界に伝えてきたことを、もう一度シンプルな形で提供するように促されたのです。

このマニュアルでは、シンプルだけれども深遠な真実について、みなさんと分かち合っていきたいと思います。そして、ブレサリアンの現実についても、より深い、クリアな見解を示したいと思っています。さらに、どのように「パラダイス―天の王国」の領域を具現化し、創造すればよいかについて、いくつかのシンプルなテクニックをお伝えしたいと思います。
しかし、究極のところ、すべてはわたしたちの本質でしかありません。なぜならば、わたしたちの悟った本質が、さまざまな方法で、存在のあらゆるレベルにおいて滋養を得るという自由を与えてくれているからです。そして、わたしたちが自らの本質によって、内面の深い領域から十分に滋養を得ることができれば、どこにいようが、どこに行こうが、わたしたちがこの純粋な滋養を放射するのです。そのことによって、世界がエデンの園へと変容していきます――そう運命付けられているのです。
本書を、これらの体験を可能にするツールを愛情深く授けてくれたキリスト化された者たちと、インドのマハトマたちに捧げます。

ジャイ・サット・チット・アーナンダ
真理、意識、至福

人類のみんなが、自らの悟った本質を慈しみ、その平和に満ちた道を歩むことができますように！

ジャスムヒーン

存在の書

これまで他の多くの本を執筆したときと同じように、わたしは「存在の書」の完成版を書き終えたような気持ちでいます。この本には、変容と啓示について、たくさんの章をもうけています。つまり、自分自身についてより深く知ることや、人生のさまざまなハーモニクスを発見するという喜ばしい冒険について書いています。

そのなかには、自分を磨き上げることのハーモニクスも含んでいます。そうすることによって、わたしたちは創造のマトリックスのなかで、数多くの新たな領域と次元を引き寄せるという恩恵がもたらされます。さらに、家族や地域社会のハーモニクスや「one people on one planet（ひとつの惑星、ひとつの人々）」のハーモニクス、真のタントラのハーモニクス——すなわち、恋愛関係をより高次で純粋な表現の水準まで引き上げ、恋人と真に一体になる喜びをもたらすもの——を含みます。加えて、わたしたちが進化させ、同調することのできるあらゆるエネルギーの流れも含まれています。

この「存在の書」が完成版であると述べた理由は、人々を経験的に統合意識へと変容させる、まったく新しい次元の人生の本を意味しているからです。それは、これまでの二元性を軸にした地球の体験とはまったく異なるパラダイムに基づいているのです。

おそらく、「存在の書」はシリーズのようなものです。ひとつの章がそれ自体で完結しており、章がすすむごとに、さらに偉大な本になっているのです——あたかも、始まりも終わりもない本のようです。

統合意識のなかにあるこの「存在の書」は、ほかのすべての本と同じように宇宙の法則のもとにありますが、それでもなお、統合意識のあり方そのものが、そもそも価値判断と分離のゲームを選択した地球の体験と大きく異なっているのです。

統合意識のなかにある本の優勢的な周波数は、許容です——「Isness（そうで在るところのもの）」あるいは、万物の完璧性を認めること、そして、善悪の判断をつけずにすべてがあるがままに立ち現れてくるのを認めることを意味しています。

わたしたちはみな、ベースライン（基底をなす）周波数を共有していることを知っていますし、そこに自らの固有の経験を組み立てたり、または、痕跡を残したりしているのです。このベースラインの周波数を本質と呼ぶのであり、本質である「ＩＡＭ（アイ・アム：われ在り）」の純粋なエネルギーが、あらゆる創造を支えているのです。わたしたち一人一人が、存在する聖なる身体の細胞であり、ひとつの偉大な集合体として振動しているものの一部であることを、おそらく知っていると思います。そのことは、深い瞑想状態のときに、その愛と叡智の鼓動とともに本質として感じることができます。

こうした体験を、価値判断のない許容の状態から眺めてみると、本物の統合意識として生き生きと経験できるでしょう。わたしはその体験を、数年前にインドですごした数日間で経験しました。それは、「ああ、分かった！」という瞬間的な洞察が引き金となりました。

スピリチュアルな科学者の国際会議（Global Congress of Spiritual Scientists：GCSS）で、ある発表者の一人が聴衆に向かって、わたしたちは巨人の手の爪ほどの存在であるにも関わらず、そのことにはまったく気づかず、あまりにも肉体としての自分に同一化しすぎることによって、自分の全存在を爪ほどのものだと思い込んでしまう、ということを述べていました。

しかし、瞑想を通して本質に触れ、本質に同一化することによって意識が拡大すれば、わたしたちは爪であるだけでなく、その指であり、手であり、全体を構成する身体であることが分かります。

けれども、その発表者の話の論点は**存在の全体性**の知性に向けられており、その知性は爪のものに比べればはるかに大きいということを主張していたので、会場の受けがよく、のちにそこから多くの議論が発展しました。

わたしにとっては、次のような気づきがありました。わたしたちを生かす、この聖なる存在である本質は、創造の流れのなかで、たくさんのユニークな表現体を取ることを選んだのではないかということです。たとえば、中指の爪の経験は小指のそれとは異なるのは明らかです。また、指の骨や関節の経験とも異なるわけです。

わたしの愛する人たちもまた、小指の爪にたとえることができ、聖なる存在の身体を構成する一部として、それぞれがユニークな体験をしたかったのではないかと認識するようになったのです。ですから、彼らも全体としての「ＩＡＭ（アイ・アム）」の仲間（種族 tribe）の一員なのです。仲間（種族）という考え方は、巨大な「ＩＡＭ（アイ・アム）」の意識が持つすべてのユニークな表現体を指し、それ自身のユニークな身体の延長ではないかと思うのです。

こうした理解のもとに見てみると、前提としてすべての生命体はわたしたち自身の「ＩＡＭ（アイ・アム）」のごくわずかな表現の違いにすぎず、どれもがユニークな経験をしているということです。また、どんな経験であれ、それぞれにとって完璧なのです。

したがって、どのような表現体を取っていようと価値判断を下す必要などなく、わたしたちに求められているのは、ただ受け入れることだけです。たとえば、わたしたちの愛する誰かが短命になる可能性のある生き方を選んでいると仮定します。その彼がアルコールで酩酊状態になるという経験をちりばめたような人生であっても、わたしたちのために——ＩＡＭ（アイ・アム）の表現として——そのような経験ができるのは素晴らしいことなのかもしれません。もしも、そのような経験に何の価値もなければ、そもそもお互いの人生に設定しないでしょうし、また、経験から学び、準備ができていなければ、そこから出て行くこともできないでしょう。

わたしたちが自分自身やお互いを本来あるべき完璧なリズムにないと批判するならば、分離意識が維持されていくでしょう。なぜならば、お互いを分離した存在として見なし、価値判断を下しているからです。けれども、そもそも一体だれが統括しているのでしょうか？「ＩＡＭ（アイ・アム）」である本質が、あらゆる次元において、どんな経験を必要としているのかを知り尽くしているのではないでしょうか？また、本質が創造のベースとなる周波数ですから、本質が繰り出す表現であれば何であれ、わたしたちみんなが部分を構成するエネルギーの一形態であることに変わりありません。すべてが全体性に付け加えられていく、わたしたちのユニークな経験であり、すべてが完璧なのです。

どういうわけか、わたしはインドでより深いレベルでこのような認識を会得し、それまでの考えを手放すことができたのです。一瞬のうちに、人生の多くのことが変化し、二元的な世界の分離意識に占められていたそれまでのわたしの「存在の書」が完結したことを知ったのです。そして、純粋な受容と許容をもって、わたしを取りまくものすべてが解放されていきました。

拡大された意識のなかで、わたしがこの無限の**存在性**（Beingness）のうちで、どのように存在しているのかを感じることができました。**存在性**（Beingness）は、万物に浸透する純粋な本質であり、わたしが人生と呼ぶ地球上の肉体の構造のなかにその一滴がたらされているのです。

わたしたちの本質、あるいは「Ｉ　ＡＭ（アイ・アム）」の意識の素晴らしさとは、何の障壁もなく創造のマトリックスを周遊することができ、純粋な思考として光速よりも速く、聖なる存在の表現として意図するところへ行くことができる点です。この流れのなかでは、自分がそう思わない限りは、何の限界も制限もありません。

わたしたちは、理想的な人生や瞑想、あるいはさまざまなシャーマンの技法を通して、実に素晴らしい経験を数多くすることができます。また、わたしたちは、肉体を生かしている本質ではなく、肉体的存在としての自分に過度に同一化しているために、生活のなかで、さまざまな人生のチャレンジに出会うこともあります。二元的な意識のなかで、わたしたちは長い年月に渡って、数多くの制限を受け入れてきました。より統合されたフィールドに移行するためには、そこから学びを得て、拡大しなければならないのです。

統合されたフィールドでは、それぞれの生命体が選択するあらゆる経験を心から喜ぶことができます。というのも、一つひとつが全体にユニークな風味を加え、わたしたちが一体性の流れに同調しているならば、そこからみんなが恩恵を得、体験できるのを知っているからです。

他者に対して価値判断を下すのをやめることは、自分自身に対してもやめることを意味しています。本質の一滴が、今ここで、人間としての体験をしている一方で、「Ｉ　ＡＭ（アイ・アム）」としての同じ本質が、マトリックスを介して、同時にさまざまな体験をしていることにわたしたちは気づきました――それは、創造の設計者としてエロヒムであったり、聖なる意志を運ぶ天使であったり、あるいは、光の存在としてのアセンデッド・マスター（次元上昇した師）であったり、さまざまな形態の地球外生命体であったり、さらには、（地・風・火・水の）四大元素や精霊であったり、ただ宇宙に漂うプラズマであったりします。わたしたちの想像がふくらむほどに、そのリストは無限です。そして、わたしたちは今ここで、すべてを同時に経験しているのです。

この光のもとで、わたしたちは人間であることのあらゆる表現をリラックスして、楽しむことができます。肉体を持っているという事実を受け入れ、第七感を使って地球という高密度の肉体次元を含め、あらゆる次元を楽しめるという事実を愛することができます。

今ここにおいて、何の努力もなく自由にわたしたちのなかを漂う「ＩＡＭ（アイ・アム）エッセンス」（われ本質なり）のリズムに同調するために、深くゆっくりと呼吸します。このリズムのなかでは、平和の深い充足感しかありません。

今ここにおいて、わたしは目を閉じて、肉体から意識が拡大し、あたかも宇宙のプラズマのように流動的に自由に流れ、自らの振動数と一致するいかなるところにもいかなる次元にも流れ込むことができます。

今ここにおいて、わたしはこの広大な「ＩＡＭ（アイ・アム）」の仲間（種族）のあらゆる生命体を慈しみ、これらの生命体が全体にもたらすすべての経験を許容し、大切に思います。

ただ知るだけではなく、この真実そのものとなり、感じることができますように。万物のなかの完璧さを、感じ、察知し、経験し、知ることが多くの自由を運んでくれるのです。

これまでも、そしてこれからもあるがままに

本質で在ること 1

本質《エッセンス》

・わたしたちの本質《エッセンス》は「在る」というものです(Our Essence Is)。
・創造を包含します。
・創造を維持します。
・純粋な光です。
・純粋な愛です。
・純粋な音です。
・その光と愛と音は、創造のための青写真と型《パターン》です。
・その型と青写真は、無限の叡智と無限の可能性のフィールドを持っています。
・純粋な喜びです。
・純粋な至福です。
・しかし、それ以上のものです。

・名前も形もありません。
・説明を必要としない虚空です。
・わたしたちはその夢です。
・わたしたちはその現実です。
・わたしたちは本質の延長です。それが織りなすものの模様の一部として優しくつながれています。
・わたしたちは形を持った本質の、多様でユニークなヴァージョンです。
・形をまとった本質としてわたしたちもまた、創造主です。わたしたちの内なる本質が創造の青写真の鍵を持っているからです。
・形をまとった本質としてのわたしたちもまた、どんな模様も織りなすことができます。そのための自由意志を持っているからです。
・わたしたちの悟った本質は、肉体と呼ぶ、地上に縛られたエネルギー・システムのうちにある、数多くのリズムの一つにすぎません。
・しかしながら、純粋な本質としてのわたしたちは、肉体次元の世界をはるかに超えた多次元的存在です。
・わたしたちは本来、無限の存在です。
・わたしたちの真の表現は、永久的です。

本質《エッセンス》の再生のためのマントラ

わたしは愛である
わたしは永遠である
わたしは無限である

右記のマントラを、瞑想中の平和なリズムのなかで、あるいは、自分が本当は何者なのかを思い出す必要があるときに、心を込めてくり返し唱えてください。

純粋な本質の表現だと感じる属性について、瞑想してみましょう。

本質に焦点を合わせれば合わせるほど、自らを同調させることができます。

マントラを使った短い瞑想法

・完全に呼吸のリズムが落ち着くように、数分をかけてください。

・ゆっくりと「**わたしは**」(I AM)と唱えながら息を吸い、「**愛である**」(LOVE)と唱えながら吐いてください。

・あなたの分子を通して、内面のもっとも高次な領域から純粋な本質のエネルギーを引き寄せている様子をイメージしてください。
・純粋な本質のエネルギーを吐きながら、その滋養分の流れですべての細胞を満たしていく様子をイメージしてください。
・このゆっくりとした、深い、精錬化された呼吸のリズムと、右記のような意図を持って、ゆっくりと「**わたしは愛である**」（I AM LOVE）と唱え、あなたの身体がどのように反応するか感覚を研ぎすませて感じてみてください。
・次に、同じようにゆっくりとした呼吸のリズムと意図を持ちながら、あなたの分子を通して、内面のもっとも高次な領域から純粋な本質のエネルギーを引き寄せているとイメージしてください。
・そして、もう一度、吐く息とともにこの純粋な本質のエネルギーが、滋養分ですべての細胞を満たしていく様子をイメージしてください。
・次にマントラを変え、息を吸いながらゆっくりと「**わたしは**」（I AM）と唱えます。
・そして、息を吐きながらゆっくりと「**永遠である**」（ETERNAL）と唱えます。
・そのまま数分間くり返し、もう一度、あなたの身体がどのように反応しているか意識していましょう。
・そして、準備ができたら、マントラをその次の「**わたしは無限である**」（I AM INFINITE）に変えていきます。

この意図的な呼吸のリズムとマントラは、あなたの細胞構造をもっと力強く本質のエネルギーに同調できるように設計されています。

本質で在ること 2

地球上での形をまとった本質《エッセンス》とは

・悟った本質の一滴が、地球上のわたしたちの肉体として表現しています。
・本質として、わたしたちはあらゆる次元に同時に存在しています。
・ですから、わたしたちはすべての本質の表現を探索し、楽しむことができます。というのも、わたしたちは肉体や地球次元に縛られていないからです。
・わたしたちはマルチバース（多元宇宙）で次元間的存在なので、内面にあらゆる宇宙のリズムを持っています。
・エネルギー・システムとして、わたしたちはユニークな肉体的、感情的、精神的、霊《スピリチュアルな》的リズムを持っています。
・これらのリズムは瞬間ごとに変化しています。
・わたしたちのトータルな生体システムのリズムは、常に変化し続けている肉体的、感情的、精神的、霊《スピリチュアルな》的リズムがブレンドされたものです。

・このブレンドされたリズムが、わたしたちの個人的なエネルギーの信号です。
・量子フィールドや無限の愛と叡智の宇宙フィールド（Universal Field of Infinite love and intelligence：U・F・I）は、このようにして、エネルギーに応答するのです。
・こうして、わたしたちの個人的なエネルギーのハーモニクスや信号は、宇宙の共鳴の法則を介して絶え間なく現実を創造しているのです。

完璧なエネルギーの信号のためのマントラ

「わたしは自分自身の内側と万物に対し、あらゆるレベルにおいて健康と幸福、調和のリズムに在ります」

右記のマントラを、心を込めて唱え、叡智に富んだ宇宙が、それを現実のものとするためにサポートしてくれると信じます。

この現実が創造されることを後押しできるように、毎日のライフスタイル――これについては後述します――を通して、宇宙の本質の流れをサポートします。

本質で在ること　3

さまざまな現実

・多様な現実が存在します。
・わたしたちは、感情体、精神体《メンタル》、霊　体《スピリチュアル》の状態やフィルターによって現実を知覚しています。

さらに…
・悟った本質、という純粋な現実もあります。
・わたしたちは、本質の完璧なリズムから遠く離れていたり、あまりにも外的な三次元世界に同一化していると、さまざまな幻想の現実をつくり出してしまいます。
・本質とは、わたしたちのベースラインの周波数であり、人生模様を紡ぎだす布地です。

瞑想のなかで、心を込めて、あなたにとって最善の方法で、深遠な本質の現実を体験できるように願ってください——そのことによって、二度とその愛や叡智、パワーを疑ったり、気づかないということがなくなるように。

本質があなたのために持っている、贈り物や栄光のすべてを体験できるように願ってください。

栄光の日々

わたしは必要なもの、いえ、それ以上を持っています。玄関先には豊かさがあふれ、心は枯渇を知りません。すべてはそこに、いえ、それ以上のものがそこにあります。あなた（本質）を見つけてから、わたしが持っているすべては真実になりました。本質はとても純粋で、光、笑いもそうです。ですから、わたしは賛美の歌を歌います。この栄光の日々を祝して。愛の真実の道を喜び、長い間待ち焦がれた自由を祝して。

本質で在ること　4

わたしたちの本質《エッセンス》と幻想の自己とは

・二元性と三次元的な領域で生きる一方で、**自らの悟った本質**を内含しながら、**それ**によって息を吹き込まれることは、わたしたちが絶え間なく自らのさまざまなヴァージョンを創造し、本質と関係を持っていることを意味しています。

・わたしたちの生体システムはグランドピアノにたとえることができます。ピアノは鍵盤によって、さまざまな音やオクターブ（訳註：広義で、音階や音程なども含む）として表現することができます。

・もっとも高い音、あるいはもっとも洗練された周波数は、開悟した本質のエネルギー・プールのオクターブです。

・もっとも低く深い音は、自らが肉体、感情体、精神体のシステムにすぎないと教え込まれているわたしたち自身のヴァージョンです。このヴァージョンは、しばしば自らが内面に本質のエネルギー・プールを持っていることに気づいていません。

・すべてのオクターブは、内面をスパイラル状に流れているエネルギーとして存在しています。

・スパイラルのてっぺんでは、わたしたちは二元的な外世界に存在しており、人格的な自己を自分だと見なし、支配されています。
・そこは幻想の世界です。自分の考えや感じ方、あるいはどのようなライフスタイルを送っているかを反映した世界です。
・また遺伝や家系、文化、さらには教育によって形成され、時系列的に経験している世界です――すなわち、エゴが基盤となっています。
・それに対して、わたしたちの内面の奥深くにあるもう片方のスパイラルの先端は、イエスが天の王国と呼び、ブッダが浄土と呼び、モハメッドが楽園と呼ぶ領域にあります。わたしたちの悟った本質は、ここにおいて最大限の力を発揮できます――パワフルで賢く、愛情深いという特質です。
・ここにおいて本質は、あたかもセントラル・ヒーティングのような明るく純粋な炎を燃やしています。
・また、先の、スパイラルのてっぺんでは、わたしたちは生きているので本質をわずかながらも感じていますが、より淡い形で人格的なエネルギー・プールのなかに退いています。ここでは、人格的な自己の音やオクターブが優勢です。
・その反対に、純粋な本質の領域では、人格的な自己は、本質という巨大な海のほんの小さなしずくにすぎません。
・スパイラル状に流れるエネルギーは、トンネルのなかを吹き抜ける風のようです。たとえるなら、原子の一つひとつがトンネルで、わたしたちの内面のもっとも純粋な領域から本質が流されているのです。
・この本質のエネルギーは、内面の最上の領域であるグレート・セントラル・サン（宇宙の中心にある魂、神秘的パワーの根源）から直接運ばれているのです。

・すべての人体システムは、内側にあらゆるオクターブと次元の表現を層状に持っており、わたしたちがもっとも同一化しているオクターブの表現が、もっとも影響力を持っています。
・これらのオクターブには、原子を通してアクセスします――ナッシム・ハラメイン氏がブラックホールとして科学的に証明したものです。
・わたしたちの脳波の波形や生体システム全体の波動もまた、内側に、あるいはとりまく外世界においても、どのような領域にアクセスし、住まうことができるのか決定づけるのです。

あなたの内面に宿っています

あるとき、賢者がいました。彼は心を込めて歌いました。ええ、あるとき賢者がいて、彼は光の道の歌を歌いました。彼はすべての人々を彼の山の頂へと誘い、そしてこう告げました。「しばらくのあいだ、座ってください。リラックスして静止しなさい。あなたの内に天の王国が宿っています。ですから、静寂のうちに座り、愛の優しい乗り心地を感じてください」

あるとき、女がいました。彼女は甘美な真実の歌を歌いました。彼女が触れると、誰もがその純粋さに目が開かれます。彼女はこう告げました。「子どもたちよ、おいでなさい。あなたの内面の奥深くに宿る真実の愛のもとで、ゆっくりとおやすみなさい。静止して、ただ耳を澄ませ、ハートを開きなさい。そうすれば、あなたがとてつもなく大きく、純粋な何かの一部だと知るでしょう。ええ、それはあなたの内に宿る天の王国」

あるとき、賢者がいて、心を込めて歌いました。あるとき、女がいて、彼女の役目を果たしました。ええ、天の王国は真実です。この天の王国はあなたの内に宿ります。あなたにも、わたしにも、天の王国があるのです。

本質で在ること 5

同一化

・常に変化し続けているエネルギー・システムは、あたかも液体のようにあらゆるヴァージョンの自分になることができます。そして、自分の好きな現実を創造し、楽しむことができるのです。

・自分の**人格的な自己だけに同一化**していると、脳波は常にせわしないベータ波にとどまってしまいます。

・こうした領域では、肉体は物理的な食べ物からしか栄養を摂ることができません。

・こうした領域では、三次元的な通常の人としての経験にとどまり続けます。常に対極が存在する領域です。

・こうした領域では、被害者になることや病気になること、あるいは病気や年を取ることで死ぬことは「当たり前」だと認識されます。

・自分の人格的な自己だけに同一化することによって、人生の浮き沈みが生じます。

・このようなエネルギーのヴァージョンでは、簡単に外的な作用の影響を受けてしまいます。そして、わたしたちは人生の出来事に対しポジティブ／ネガティブに反応するのです。

・人格的な自己はまた、遺伝的な弱点に多大な影響を受けます。トラウマや思考、毒素によって、わたしたちのＤＮＡや遺伝子パターンは常に変化し続けています――このように、細胞生物学者のブルース・リプトン博士は『信念の生物学（The Biology of Belief）』（邦訳『思考のすごい力』（ＰＨＰ研究所））という著書のなかで、説明しています。

・この領域に同一化することで、わたしたちは人間としての限界を数多く体験します。通常の主流な生き方に伴う限界です。

・次章の「王国への鍵」を活用することで、脳波が変わります。ベータからアルファ、シータからデルタへと移行します。（２０３ページ　図7参照）

・王国への鍵を活用したり、脳波のパターンを変えたりすることで、無意識の行動パターンに支配されなくなり、より意識的なマインドを使うことができるようになります。したがって、より低次のマインドを、悟った本質である聖なるマインドに融合させることで、超意識の現実を作動することができるようになります。

・この領域では、テレパシーや光の存在との聖なるコミュニケーションが通常のこととなります。

・そして第三の目が開眼することでクレアボイアンス（透視能力）が活性化されるのと同時に、クレアセンシェンス（超感覚）も起動します。

・この新しい作動システムでは、物質的な世界にまつわる飢えや渇望が減少することに気づくでしょう。

・自らの本質の炎に近づくにつれて、自然と肉体的な飢えがなくなっていくことを発見します。

・より純粋で複雑な本質の要素が注入されればされるほど、わたしたちは感情的、精神的《メンタル》、霊的《スピリチュアルな》渇望から自由になります。

・ですから、このレベルに同一化し、より継続的にシータ、デルタ波にとどまることによって、生体としてのわたしたちのシステムが変化するのです。

・本質とより融合した自らのヴァージョンと深く関わり、より密にチューニングされると、感情的、精神的リズムがさらに平和で満ち足りたものとなることに気づくでしょう。

・本質が浸透すればするほど、より感謝や慈悲の念を感じることができます。

・また、自らを取りまく外的なエネルギーを吸収する代わりに、純粋な本質を放射することを選択するならば、自分が地上のどこにいても、不運な方向に影響を受けることはないと分かるでしょう。

・自らの本質に同調し、そのリズムにとどまるならば、万物に神を見、善を見るでしょう。

・このリズムにいれば、人生は調和がとれ、誰と交流しても調和的な関係を持つことができます。

・この領域では、わたしたちの人生は恩寵に満たされます。わたしたちが自然と他者に仕えるように、宇宙もまた、わたしたちに仕えてくれるのです。

・この領域では、豊かさのフィールドに生きることができます。愛と明晰さ、叡智、ヴィジョンの豊かさです。

・この領域では、必要だと自分が意識する前に、すでにすべてが用意されます。

図７

上段から、ベータ波の人生、アルファ波の存在、
シータ、デルタ、本質（エッセンス）を表します

わたしは、本質が染み渡っている自分自身のヴァージョンが一番好きです。けれども、他の人たちと同様に、一瞬でほかの自分のヴァージョンに変わってしまうこともできます。もう人格的な自己にのみ同一化することはなくなりましたが、わたしの人間としての限界を手放しつづけていくにしたがって、生活のなかで哀しみを覚えることもあります。

統合意識に自らを開いていくことは、多くの存在の新たなあり方を教えてくれます。わたしたちが愛する人たちもまた、本質の延長であることを理解すると、彼らの地球上の冒険も実にユニークであり、したがって、彼らが自身の冒険をあますことなく生きることができるように手放す（自由にさせる）のも、一つの芸術であることが分かります。

万物を無条件に愛し、すべてが本質によって完全に導かれていると信じることで、見た目にはそう見えないとしても、価値判断や善悪の概念を手放し、すべての生命体が異なる層の本質を表現していると認識できるように、わたしたちは信頼の道を歩んでいるのです。

誰かが道を失い、混乱し、哀しみにくれて一人ぼっちになっているように見えると、わたしたちの慈悲心は彼らの痛みを感じ、なんとか助けてあげたいと願います。しかし、すべての人々の冒険がわたしたちに多大な贈り物を運んでくれているのです。というのも、わたしたち一人一人が、それが心からの願いであるならば、自らの創造する天の王国への鍵を、探し出さなければならないからです。

・すべての人々が、たった今、内なる天国を経験したいと思っているわけではないことを受け入れる必要があります。

・若い魂をもった地球への転生者は、しばらくのあいだ、二元性のゲームに没頭する必要があるのです。

・すべての花が、それぞれの成育の仕方と最適な時期に成長し、開花していくことを愛情深く見守ることも、わたしたちが学ぶべき芸術です。

エクササイズ：万物に神を見、善を見るように修練しましょう。

少なくとも一週間は、このエクササイズに完全に集中し、あなたにとってそれが真実となり、第一印象という制限にまみれた表面的な外観の先を見通すことができるように訓練します。

鏡の前に立ち、自分自身を深く深く見つめることからエクササイズをはじめてください。どのようにあなたの瞳からいつも本質が輝きだしているのか分かるようになるまで、くり返します。

本質の瞳で、あなたの存在と人生を見ることができるようにお願いしましょう。

次に、あなたが出会うすべての人の瞳の中に、本質の輝きを見出せるようにしてください。

本質で在ること　6

王国への鍵

本質《エッセンス》はわたしたちの内なる禅師でもあるのです

西洋社会のせわしない生活において、多くの人は、今の瞬間にいとも簡単に同調できる、内なる禅師を見出すために時間など使いません。内なる禅師とは、内面の深い充足感のうちに流れる平和の川に住んでいる存在です。内なる禅師は、本質の次元に近いところにあるわたしたち自身の一部です。わたしたちに息を吹き込み、命を与えてくれる本質と人格的な自己のあいだには、非常に大きな隔たりがあることもめずらしくありません。この隔たりに橋を架けることが、スピリチュアルなイニシエーションとも言うべき道です。平和を求める人たちや、外的世界の制限に疲れ果てた人たちの前に立ち現れる道です。

けれども、この道にも多くのバリエーションがあり、回り道が付随しています。あるときは、導師（グル）のそばに座し、その叡智や放射するものに浴したいと願うかもしれません。しかし、最終的にはわたしたち自身が自らの導師となり、本質である内なる導師をもっと完全に表現しようと思い至るでしょう。
それからわたしたちは、自らの奥深くに泡立っている愛と叡智の無限の流れを発見します。そして、その流れに意識を向け、その周波数に同調できるような良質なライフスタイルを送ることによって、すぐさま、それがわたしたち自身の基底をなす本質《ベースライン・エッセンス》から浮かび上がってきます。そのように、フィールドは動いていくのです。

わたしは生命の科学を愛しています。それはわたしたちのあらゆる創造の原動力となり、形而上学にロジックを与えます――すなわち、宇宙の法則がすべての流れを司り、わたしたちが具現化しようとするものをコントロールしているということです。

あるときには、大きな富を具現化しようとするカルマの働きがあるかもしれません。けれども、霊的なイニシエーションを得た者は、すぐに、本当の豊かさとは、真実の自分を見出すことであるともう一度思い出し、そう、「**在る**」ことだと気づくでしょう。内なる次元では、物質的な富は何の力も持ちません。というのも、この領域では、真の富とは、純粋なハートと最上最善のために尽くしたいと願う真摯な想いだからです。それこそがわたしたちの奥深くにある王国への鍵であり、ここにおいて本物の豊かさが見つかるのです。

この章では、主要な鍵について紹介したいと思っています。すでに多くの人たちがこれらの鍵を使って内なる天の王国を見出し、それによって、本当に予言されたエデンの園を体現しているように、彼らは地球で生活しています。しかし、そうなるように運命付けられていることも、今のわたしたちなら理解できます。

鍵1　宇宙の法則

・3つの宇宙の法則を理解し、生活のなかで活用します。

・「愛の法則」、「一なるものの法則」、そして、引き寄せの法則としても知られる「共鳴の法則」です。

・**愛の法則**は、創造の原動力でもある聖なる愛が、触れるものすべてを原初の形に変えてしまう力があることを示しています。

・ですから、聖なる愛が常に放射されるように、自らが宇宙の放送局になることに人生を捧げることができます。

・聖なる愛は、わたしたちの原子を通して内面の宇宙に流れ込んで体内を巡り、滋養を与え、解放し、変容させてから、毛穴を通じて外に流れ出します。そして、この愛に開いている他の人たちに触れ、流れ込んでいきます。

・**一なるものの法則**は、わたしたちはみな同じ本質を分かち合っており、人生のウェブのなかで相互に関連しているので、わたしたちがどうあるか、何をするのかのすべてが全体に影響を与えるということを示しています。

・それを知ることで、自己統制的な行為とは、自らが放射するあらゆるエネルギーに責任を持つことを意味します。

・そのために、心を込めて次に紹介するマントラを声に出して三回唱えましょう。

・「わたしの存在性（Beingness）のすべてはこの世界を力づけ、この世界のすべてはわたしの存在性（Beingness）を力づけます。そのことが現実となるように、わたしは本質のガイダンスに開きます」

・この世界に対して過度に批判的になったり、他者に対する分離意識が強くなってしまったときに、いつでも右記のマントラを唱えましょう。このマントラは、わたしたちにまったく新しいオペレーション・システム（ＯＳ）をもたらすように設計されています。

・**共鳴の法則**は、エネルギーとは、外に向かって拡張し、それから、共鳴するものを波長のように引き寄せ、創造の源へと還っていくことを示しています。

これらの法則について、もっと知りたい方は、わたしたちのＹｏｕ Ｔｕｂｅ番組の宇宙的調和（Universal Harmonization）のプレイリスト《再生》のなかをご覧ください。

・宇宙の法則（Universal Laws）：パート1、パート2、パート3、パート4

愛の法則の経験を深めたい方は、愛の呼吸の瞑想法を行うとよいでしょう。（34ページ参照）

鍵2
ライフスタイル、ライフスタイル、ライフスタイル！

わたしたちがどのように時間を使うかによって、わたしたちの生体システムが放射するものや、それに対してどのように、無限の愛と叡智の宇宙フィールド（Universal Field of Infinite love and intelligence：U・F・I）や量子フィールドが応答するのかが決定されます。

わたしは18年もの研究を経て、自らの本質によって肉体的に生かされることに成功し、さらに、楽園だと感じる領域に住むことができるようになった人たちの多くが、次に紹介する8つのポイントをふまえた時間の過ごし方をしていることが分かりました。

わたしたちはこれを、**快適なライフスタイルのためのプログラム**（The Luscious Lifestyles Program：L・L・P）と呼んでいます。

1. 瞑想——自らの本質を体験し、その贈り物を享受することを意図しましょう。
2. 祈り・神との対話——あたかも親友のようにU・F・I（Universal Field of Infinite love and intelligence：無限の愛と叡智の宇宙フィールド）に語りかけましょう。
3. ポジティブ・シンキングと心の統制——思考の力を理解し、現実を創造するときに明確な意図を持って行いましょう。
4. 光の食事——光のつまった食べ物、あるいは、生命力のある生の食材を食べ、少量にとどめます。「生の、光を、少量で！」が新たな食べ物のマントラです。

5．身体を神殿のように扱う――身体が喜ぶように、たくさんの愛を与え、楽しいエクササイズを行いましょう。

6．無自己の奉仕――万物に対し、思いやりや慈悲心を持ちましょう。見返りを求めずに、必要であれば他者に助けの手を差し伸べましょう。

7．静寂――家や自然のなかで静寂のときを持ちましょう。静寂は、本質の声をもたらします。

8．聖なる歌――聖なる歌を歌い鑑賞しましょう。聖なる音楽はわたしたちのハートや感情体の栄養になります。

快適なライフスタイルのためのプログラム（L・L・P）は、わたしたちの存在のあらゆるレベルにおいて健康でいられるように設計されています。どんな文化であろうと、宗教的背景を持っていようと関係ありません。バイオフィールド科学の原理を基盤とするこのホリスティックなライフスタイルは、健康と幸福のレベルを引き上げ、意識の明瞭さや直感力を高めてくれます。そして、聖なる性質を刺激し、わたしたちをより慈悲深く、利他的な人にしてくれます。どのように時間を過ごすのかが愛に満ちた人生への鍵を握るのです！

フランスの哲学者であり作家のフランソワ・ヴォルテールは、次のように述べています。

「わたしは幸せになることにしました。なぜなら、それは健康なことだからです」

右記のことは、すべてわたしの著書『神々の食べ物―聖なる栄養とは何か』（ナチュラルスピリット刊）のなかに詳細に記されています。

８つのポイントを組み合わせることで、わたしたちの脳波を忙しいベータ波からアルファ波へ、アルファ波からシータ波へと変えてくれるのです。そして、より精錬化された自らのヴァージョンに触れ、それから発見し、さらには体現できるようになります。

ライフスタイルがわたしたちの放射するエネルギーを変え、磁気的な引き寄せのパターンを確立します。そして、本質の熱を帯びた宇宙的な炎に引き寄せられることで、プラーナの流れを増やすことができるようになります。

この宇宙的な炎とは純粋な聖なる愛です。この炎のなかで、わたしたちは生まれ変わり、再生し、完全にして完結し、自由になるのです。

聖なる愛である宇宙的な炎が、わたしたちの優勢的な周波数／波長となることで、簡単に天の王国に入ることができます――わたしたちの内と周囲を取り巻く、最高次元のエネルギーの流れです。

これまでも、そしてこれからもあるがままに

鍵3
美徳、美徳、美徳！

鍵2で推奨した、ライフスタイルの8つのポイントを実践することはできるとしても、自分が入りたい次元を決定するのは、ハートのエネルギーです——つまり、その純粋性はさることながら、ハートが慈悲や共感性、謙虚さ、忍耐強さのオクターブを持っているか、さらには、人間のハートが持ちうるすべての美徳を持っているかに関わっているのです。

これらの多くの美徳は、わたしたちが他の生で獲得しているため、それが表に出ているか潜んでいるかの違いであり、もうすでにわたしたちのなかにあります。わたしたちが現在与えられている肉体としての今の生は、これまで耐えてきたあらゆる苦難は、美徳という贈り物を与えられるためにあったということを、教えてくれています。

自分自身や他者に対して思いやりがなかったり、十分に謙虚さが備わっていなければ、さまざまな領域へとつながる内なる次元の扉は隠されたまま目にすることはできないでしょう。あらゆる内なる次元の扉は、周波数が一致することがなければ、まず開けることができません。

わたしたちの内にある本質に、可能であるならば、次のことを要請することで内なる天の王国へのアクセスを早めてくれるでしょう。

「永続的な「I AM（アイ・アム）エッセンス」（われ本質なり）との聖なる結婚の状態に参入できるために、あらゆる美徳を携えられるよう、お導きください。これらの美徳を、喜びを持って、楽々と優雅に、完璧な方法とタイミングで獲得できますように！」

すべてはその独自の方法とタイミングで具現化していくものだ、ということを覚えておきましょう。そして、それらの美徳が深いレベルで完全に自らの一部となるように、十全に生ききらなければならないことも知っておきましょう。

実用的なエクササイズ

・数回深呼吸を行ってリラックスしましょう。美徳を表す言葉が、今、直感的にあなたに浮かぶように委ねてみましょう。
・次のことを銘記してください……わたしたちは、その言葉があなたの深いところから直感的にわき上がってくることを望んでいます。通常の思考や判断の基準で考えてほしくないのです。これは、直感のエクササイズです。
・ですから、心を開き、じっと耳を澄まします。今あなたに、美徳を表す言葉として、何が浮かぶでしょうか？
・次に、あなたの受け取った言葉について観想します。それからしばらくのあいだ、その美徳があなたの人生に意味することについて瞑想してみましょう。
・先に進みましょう……。
・あなたがたった今受け取った美徳の言葉や名前は、生活のなかでより焦点を当てなければならない要素について、本質がガイドしてくれたものです。その美徳をより深いレベルで体験し、受容することは、本質があなたに分け与えようとする贈り物を受け取るための個人的な鍵となるものです。

・次に、これから紹介する呼吸*のテストを行い、本質があなたにどれくらいの期間をその美徳に取り組むことを望んでいるのかを調べます。一週間、一ヶ月、あるいは一年でしょうか？（＊２４３ページ参照）

・わたしはかつて、ただ**感謝**という美徳だけに焦点を当てることに、一年を費やしたことがあります。そして、その頃はもうすでに幸せでしたが、その幸せがさらに倍増した経験を持っています。また、ありとあらゆる人間関係が向上したことも発見しました。本質がわたしに与えてくれたエクササイズを行うことで、あらゆる価値判断を手放し、人生に起こってくるあらゆる出来事にただ感謝できるようになったのです。

鍵4
明晰さ、意志と意図！

この三次元の二元的な世界をもう十分に経験したために、多くの人々が先に進み、もっと平和な領域に生きたいと願っています。また、自分が本当は何者なのかを真摯に求めている人たちもいます。彼らは、自分が単にマインドと感情を持った肉体的なシステムではなく、それ以上の存在であることを体験したいのです。またさらに、高次の精錬化された領域の表現に準備ができている人たちもいます――すなわち、そこは、平和と調和が自然なリズムの領域であり、すでにたくさんの人々がその様子を垣間見たり、楽しんだり、あるいは住処としています。

世界のほとんどの人たちが、健康や幸せ、調和的であることに関心を持っています。ですから、ひとつの明確な意図をもって、次のようなコマンド・プログラムを適用することができます。コマンド・プログラムは、わたしたちの生体システム全体をあらゆる人類の飢えから解放し、なおかつ、それが調和的な方法で行われるように設計されています。

コマンド・プログラム

次について瞑想し、それから真摯な意図を込めて声に出してください。

・「わたしは自分の肉体の知性を愛し、敬い、そして承認します。「I AM（アイ・アム）エッセンス」（われ本質なり）として、わたしは今、自らの身体に、その最善と健康のためにもっとも良い方法で栄養を与えることを許可します。身体よ、たった今、宇宙の微小の食べ物であるプラーナや物理的な食べ物、あるいは必要に応じてその両方から栄養を摂取することを要請します！」
・「わたしは自分の感情体のエネルギー・システムの知性を愛し、敬い、そして承認します。「I AM（アイ・アム）エッセンス」（われ本質なり）として、わたしはたった今、自らの感情体に、その健康と幸福のためにもっとも良い方法で栄養を与えることを許可します！」
・「わたしは自分の精神体《メンタル》の知性を愛し、敬い、そして承認します。「I AM（アイ・アム）エッセンス」（われ本質なり）として、わたしはたった今、自らの精神体《メンタル》にふさわしい栄養を与えることを許可します！」

・「この肉体、感情体、精神体《メンタル》に栄養を与えることで、わたしは今、自らの内面と万物に対し、健康や幸福、調和のリズムのうちに存在しています！　そうです！　そうです！　そうです！」

この純粋でクリアな意図のコマンドは、通常の栄養を摂取するパターンから身体を解放し、その先の健康、幸福、調和のリズムに人生を転換できるように身体の協力体制をつくります。このようなリズムこそが、本質の生来のリズムなのです。

また、右記のコマンド以外にもパワフルなプログラムがあります。これらのプログラムについては、これまでの多くの調査マニュアルでも取り上げてきましたし、『液状の宇宙*——上級者向けのバイオシールド・プログラミング（談話と瞑想法）』〈オーディオブック〉でも考察いただけます。（英語）（ジャスムヒーンのサイト参照）

＊ Liquid Universe - Advanced Bioshield Programming（discourse - meditation）

また、

〝**わたしは愛である、わたしは永遠である、わたしは無限である**〟という明確なコマンドを愛の呼吸の瞑想法と一緒に用いることで、わたしたちの純粋な本質にすばやく同調するのを助けてくれます。というのも、これらはわたしたちの内面にある、キリストの本質の特質だからです。キリストという言葉は、純粋な愛の存在を意味しているのです。

本質《エッセンス》で在ること

人格的なエゴの自己よりも多く、本質である自己の特質と同一化し、**本質で在ること**で自分自身と世界にもたらされる恩恵は、あまりにも明確です。耳心地の良いイデオロギーの代わりに、王国への鍵を使ってこれらのことが実際の体験となれば、わたしたちの存在はあらゆる次元において、飢えた貰い手ではなく、与える者となることができます。

もっとも純粋な形の真のプレサリアンとは、制限ある人格的自己と同一化することをやめ、内面の、無限の聖なる資源である本質との聖なる結婚に参入し、身を委ねることにシフトした存在たちを指します。

すると、制限ある肉体、感情体、精神体《メンタル》のシステムが人生のボスになることをゆるす代わりに、本質がわたしたちの人生の舵取りをするようになります。

たとえば、プラーナから生かされることによって、肉体的システムを委ねられた本質がわたしたちの体重を管理するのです。自らそれを体験することによって、身体の健康や理想の体重を維持するために物理的な食事が必要だとは考えなくなるでしょう。

自らの本質から流れる聖なる愛にオープンなヒーラーや芸術家、その他の人たちは、本質が身体に栄養を与えてくれていることに気づきはじめているので、余計な体重を増やさないように、食べ物の摂取を減らしたり、調整したりする必要があると感じています。

現在、世界中の多くの人たちが、より深いレベルでの体験をし、自らの本質との一体感や聖なる対話を重ねるなかで、自然と食べる量を減らし、軽めの食事を摂るようになっています。

しかし、これも**本質で在ること**のほんの小さな側面にすぎません。

本質で在ることで、わたしたちは「考えて行動する脳」から、超意識的な「ただ在ることの脳」に変わっていきます。ただ在ることの脳は、多大なる創造性と驚異的なレベルで次元間のデータにアクセスしダウンロードする能力を与えてくれます。本質で在ることの脳は、子どものようなシータ波の脳波を示します。

イエスはかつて、天の王国に入るには幼子のようでなければならない、と言いました。このことについていろいろな解釈ができますが、わたしは脳波の観点から考えてみたいと思います。

0歳から2歳児は一般的に、よりゆっくりとしたデルタ波にいることが知られています。これは、長い年月にわたって瞑想を実践している人が、深い瞑想状態を体験しているときと似ています。2歳から6歳児はシータ波を示すようになりますが、これは鍵2のなかで紹介しているライフスタイルを送ることで、わたしたちにも可能になります。

0歳、あるいは誕生から6歳になるまでのあいだ、超学習能力を持っていることは興味深いことです。彼らは、どのように生きていけばよいのかということを、吸収し、学習しているのです――歩くこと、食べること、話すこと、言語を学ぶことなど、挙げたらきりがありません。

シータ波の脳は、超塑性《ちょうそせい》的であり、年を取るとありもしない方法で神経回路が生まれたり、あるいは修正されたりするのです。この期間、子どもたちは目に見えない友人の世界と行き来し、その創造性とイマジネーションは限界を知りません。

彼らは喜びにあふれた純粋さとシンプルさのなかで生きているので、愛することも一緒にいることも簡単です。子どもにとっては、すべてが魅力的にうつり、無限の可能性と潜在性に満ちているのです――少なくとも、大人が制限ある支配で条件付けを行うまでは。

6歳から12歳のあいだに、脳波はアルファ波を示すようになります。そして、12歳から、ベータ波／アルファ波／シータ波／デルタ波スペクトラム（連続体）の完全体が全員に獲得されるのです。

不運なことに、西洋的な教育システムは、圧倒的に左脳とベータ波を刺激する傾向があります。そして、わたしたちが未だに持続させている有害な食料や感情、思考パターンによってさらに強化しているのです。


違うヴァージョンの自分を探究するために、聖なるメッセンジャーたちの最高の叡智に触れる選択をしましょう――彼らは長い年月をかけて、自らの本質から得たものを表現してきました。同時に、自分自身の本質が立ち現れ、人生の完璧なガイドや導師（グル）になってくれることを依頼します。また、本質がもたらすすべての贈り物を受け取り、経験し、もう一度、叡智の道、すなわち、エデンの園が簡単に見出せる愛の意識のうちにとどまることができるようにお願いします。

天に行われるが如く、地にも行われますように。

わたしたちはとてつもなく大きな存在です。それは、グレート・セントラル・サンの純粋な本質が拡張された存在としてのわたしから、（簡単に戻れる）今の状態のわたしまで含まれます。

いくつかの鍵を用いて、本来わたしたちがあるものへと同一化をシフトしていくこと、ただそれだけのことです。わたしたちは、巨大で複雑な人格をもった人間であるのと同時に、静かにこの世の幻想のゲームを支援しています。この叡智に満ちた無限の愛のフィールドを、無限の力を使って、生きとし生けるものすべての最高善のために作り替えていくためです。

この観点から創造することは、万物に宿る天の王国を発見することにつながります。

これまでも、そしてこれからもそうであるように。

ふわりと歩く

ふわりと歩く、この世界を優雅に。ふわりと歩く、求めた場所が見つかるまで。

ふわりと歩く、この変革のときに、あなたのハートに響くリズムが見つかるまで。

ふわりと歩く、あなたの意識が広がり、あなたにとって完璧な道と学んだ知識が、愛へと引き戻し、叡智の世界につながる優美な扉を運んでくるまで。

ふわりと歩く、喜びにあふれるまで。ふわりと歩く、あなたの蒔いた種たちが、光と太陽のもとで花開き、はじまりから果実をもたらすまで。

優しく歩く、この愛の道を、慈悲の手袋を身につけられるように。

ふわりと歩く、今この地球で、お辞儀をするそのときが来るまで。

古い道の終わりがきたとき、預言者が告げた新しい道が開けるでしょう。このゲームが終わりを迎えるまで、ふわりと歩き、そしてただ愛の太陽として存在してください。

本質《エッセンス》を基底の周波数にすることと実用的な調整方法

これまでのページで、どのように人生をポジティブに変容させることができるかについて、すでに十分に説明してきました。これからは、さらに王国への鍵についての補足的な情報を提供していきたいと思います。世界中で開催された多くのセミナーで、生きる上で実践的で有益であったと経験されたものです。

わたしたちの基底をなす本質《ベースライン・エッセンス》とは

・次元間のエネルギー・フィールドの科学では、ベースライン（基底の）周波数が、創造のうちの事象の流れを方向付け、サポートしているのです。

・エネルギーのパルスとして、ベースラインは人生の諸々の経験も決定しています。

・わたしたち一人一人のなかの真のベースラインの周波数は、わたしたちが**本質**と呼ぶものです。

・そのベースラインを万物のなかに宿る神、氣、あるいはエネルギー力《フォース》と呼ぶ人たちもいます。

・人間のエネルギー・プールのなかにおいて、基底をなす本質《ベースライン・エッセンス》（Baseline Essence：以下 B.E）は、どのように使われているかによって、強くも弱くもなります。

・B.Eを使えば使うほど、わたしたちの存在は自由に楽に自分自身の、あるいは地球のためになります。

・B.Eを使うことの他のメリットは、健康や幸福、調和のレベルを引き上げてくれることです。

・B.Eを深いレベルで体験できると、安心や幸福感、深い平和をより一層味わうことができます。

・万物に宿るB.Eは、無限で純粋、完璧にして完全です――常にそこにいて、常に触れることができます。

・もっとも予期しない方法で提供されるB.Eは、わたしたちみんなが自由にできる、とりわけ重要な無料の資源です。

・B.Eに簡単にアクセスすることができます。呼吸を通して、そこに同調し、感じることができるのです。というのも、B.Eがわたしたちに息を吹き込んでいるからです。

・B.Eの周波数の特質上、わたしたちがその純粋なエネルギー・プールに意識的に融合しようとすることは、劇的な変容をもたらします。

・それを集合的に行うことで、世界を変えることができます。すべての創造を形にしてしまうくらいB.Eは実にパワフルだからです。

・B.Eはパワフルであることに加え、世界のあらゆる不均等さを解決できるほどの叡智も有しています。

・B.Eのパワーと叡智は、愛の調和的なパルスによって促進することができます――愛は、わたしたちの感情的、精神的、霊的飢餓のすべてを取り除いてくれます。

・B.Eのエネルギーの流れにもう一度融合することで、多くの基本的な人間の欲求から肉体を解放してくれます。

・B.Eを滋養の資源として使えば使うほど、地球の資源に依存することがなくなります。B.Eはわたしたちを愛し、導き、癒し、そして肉体的にも栄養を与えてくれるのです。

・強いB.Eは、人間の生体システムを容易ではない状態（dis-ease ＝病）から解放してくれます。ひいては、惑星地球をあらゆる病気から解放してくれるのです。

具体的にどのようにB.Eのプレゼンス（臨在）を強くしていくかの「ハウツー」や、どうしたらより効率的に人生に活用していけばよいのかについては、次の章で取り上げたいと思います。

わたしたちの天国

—王国への鍵—

コードと瞑想

わたしたちは、いかなる宗教的な分離も超越できるように、追加的に天国への鍵を提供しています。わたしたちの多様な現実を、平和の大使という「ひとつの惑星」のアジェンダ（計画）のもとに、「ひとつの人々」が調和的に生きることに融合していくためです。

次の基本的、かつ明確な瞑想とコードは、変容のパワーを持ち、人間の進化を正しい方向に修正することができます。そのためには、心を込めて実践し、どのようにわたしたちの思考や感情が現実を創造しているのかを理解しなければなりません。

1. 愛の法則と瞑想
2. 祈りの力と祈りの時間
3. 平和と天国のコード

4. 完璧なコミュニケーション――本質対本質
5. 3つのレベルの確認システム
6. 呼吸のテスト
7. 瞑想法

愛の法則と瞑想

（＊自著『The Law of Love（愛の法則）』（未邦訳）からの抜粋）

愛の法則は、すべての生命、原子、分子、エネルギー・フィールドは、原初の創造の力の愛によって、存在できるのだということを示しています。また、わたしたちがあたかも自分自身の一部であるかのように、あらゆる生命に対し、愛し、敬い、尊重するならば、愛の法則はその恩寵の川にわたしたちを引き寄せ、それ自身の一部であったかのようにわたしたちを懐に包み込むのです。

愛の法則は、原初の創造の力である聖なる愛は、触れるものすべてを、本来あるべき姿に戻すというパワーを持っていることを示しています。

愛の法則は、奇跡の探求者を見つけます。そして、その恩寵によってもたらされる奇跡をどのように認識し、楽しめばよいのか、さらには、どうすればそれを起こすことができるのかを教えてくれます。そして、こうした奇跡を体験しているうちに、わたしたちは、自身がすでに完璧で自由であることが分かるのです。

奇跡（miracle）は、超自然的な力が起こす驚異だとみなされています。つまり、特殊な才能のしるし、あるいは表現だということです。“miracula”というラテン語を起源にしているように、奇跡を目撃することは、しばしば畏怖の念や高揚感を生じさせます。こうした現象は神の恩寵のように見えるからです。恩寵は、わたしたちが生活のなかで、愛の法則と自らの本質に同調している証しとなるものです。

瞑想

・瞑想するときは座り、静止することで、わたしたちみなの奥深くにある聖なる愛の純粋なリズムに同調しましょう。
・呼吸のリズムをゆっくりと落ち着かせていきます。たった今、あなたのうちにある純粋な愛の鼓動を体験できることに、自らを開くという意図を持って。
・あらゆる創造の起源である、純粋な愛のエネルギーの無限の流れについて瞑想しながら、「**わたしは愛である**」（I AM LOVE）と唱えることに意識を集中します。

・ゆっくりと息を吸いながら、**「わたしは……愛である」**（I　AM……LOVE）と唱えます。
・息を吐きながら、全身の毛穴から世界に向かって純粋な愛を放射することをイメージします。ゆっくりと**「わたしは……愛します」**（I……LOVE）と唱えることで、この純粋な本質を他者と分かち合うイメージで。

「わたしは愛である」（I　AM　LOVE）と「わたしは愛します」（I　LOVE）というマントラは、わたしたちの周波数を本質のエネルギー・フィールドに同調させてくれます。人生に愛の法則をもたらすのは、この本質のエネルギー・フィールドです。

・深く……ゆっくりと……美しい……優しい呼吸を続けます。
・一呼吸ごとに、創造のマトリックスのうちにある、もっとも純粋で深い愛のリズムを感じ取ってください。
・たった今、あなたの奥深くでそのリズムがどのように脈動しているのかを感じ取ってください。
・あなたがこの愛の鼓動を感じ取ることができるまで、呼吸のリズムで遊んでみてください――愛の鼓動は本質があなたに用意してくれたものです。

祈りの力と祈りの時間

（＊自著『Four Body Fitness : Biofields & Bliss（4つの体のフィットネス バイオフィールドと至福）』（未邦訳）からの抜粋）

祈りは**聖なる対話**と言えるものであり、無限の愛と叡智の宇宙フィールドにつながる方法です。それは、基底をなす本質《ベースライン・エッセンス》として創造の全行程を通して流れているものです。ある者は神と呼ぶ、この**基底をなす本質**《ベースライン・エッセンス》を承認するもっとも名誉ある方法は、あたかも親友のように、この知性のフォースと心の通った交流をすることです。

ブルガリアの聖人、オムラーム・ミカエル・アイバンホフは祈りについて次のように語っています。

「わたしは準備されていない祈りの方を好みます。その時に自然にわき起こってくるような祈りです。あなたが友人に何か頼み事をするときに、飾り立てをすることなく、シンプルに自然に話すように」

彼の言葉は、わたしたちがどのように祈ればよいのか示唆しています。何の台本も用意せず、真摯なハートで祈ればいいのです。

１９８８年にデューク大学の研究チームは、祈りの力が癒しの手段として有効であることを証明しました。

さまざまな宗教的背景をもった人たちに集団で、心臓外科手術を受ける患者たちのために祈るように要請しました。被験者グループは祈られていることを知らされていなかったにも関わらず、調査後、祈りを受けた方の50~100%の患者たちが、祈りを受けていない患者たちよりも良好な結果が得られたことが分かっています。調査に参加したあらゆる宗教的背景をもったグループに、同様の結果が見られています。

短い瞑想と祈りの時間

・はじめに、リラックスしてから目を閉じて、しばらくのあいだ祈りのための準備を整えます。
・呼吸のリズムをゆっくりと落ち着かせ、あなたの奥深くの**基底をなす本質**《ベースライン・エッセンス》へと意識を開きましょう――常にそこにいて、あなたに耳を傾けている大いなる知性のフォースです。
・わたしたちは基底をなす本質《ベースライン・エッセンス》を、呼吸を介して、また意識を拡大することで感じます。それは、万物の創造の全行程に流れる叡智であり、呼吸を通してわたしたちの生命を維持しています。
・その創造の過程で、このフォースが常に、わたしたちに気づいていることをイメージしましょう。
・あなたは今、心のもっとも深いところから本質に何を分かち合いたいと願っていますか?
・さらに呼吸のリズムを落ち着かせ、もっと精妙で純化されたものにします。そして、本質のプレゼンス(臨在)に触れ、その高次の知性からの声を聞きます。
・ゆっくりと、深く、優しく呼吸します。そうです、より純化された息です……。
・あなたは今、ハートのもっとも深いところから、この純粋な本質に何を分かち合いたいと願うでしょうか？

・それがあなたの奥深くであなたの願いに注意を向け、聞いてくれている様子をイメージしてみましょう……。

・あなたは世界の平和のために祈っているかもしれません……あるいは、愛の光、見識ある理解のために祈っているでしょうか……。

・あるいは、誰かのために祈っているかもしれません……。

・それとも、あなたの人生に訪れる、奇跡や創造の美に感謝の祈りを捧げているかもしれません……。

シンプルな祈り

「わたしの内と外、そして万物のなかにある創造の本質よ、

わたしはたった今、喜びをもって楽々と優雅に、あなたの無限の愛と叡智のチャンネルに、より深いレベルで同調できるように要請します。

わたし自身と万物にとって最善の道を、常にこの人生で歩くことができるように、高次のヴィジョンである明晰さと叡智を与えたまえ。

わたしが万物と調和をもって、この人生で果たすべきことを、喜びをもって完了できるために必要なあらゆるサポートを、たった今、要請します。それがなされますように！　それがなされますように！」

もう一つのシンプルな祈り

「ありがとうございます、ありがとうございます、ありがとうございます！　わたしの人生を満たし祝福しているすべての素晴らしい人たちや出来事、経験のために、たった今、感謝の祈りを捧げます！　わたしは……について真に祝福されていると感じています」

（あなたが今日、心からありがたいと感じたことについてすべて挙げていきます……。）

平和と天国のコード

（＊自著『Four Body Fitness : Biofields & Bliss（4つの体のフィットネス
バイオフィールドと至福）』（未邦訳）からの抜粋）

量子フィールドは、わたしたちがみなパワフルで、創造的で、生来的に聖なる存在として、それぞれのエネルギー・システムに自然に応答するようにプログラミングされています。ですから、量子フィールドはわたしたちの優勢的な思考や言葉、感情のパターンに反応し、わたしたちの現実としてあらゆる瞬間にそれらを反映させているのです。

アメリカ人の生化学者、ブルース・リプトン博士が実施した人間のＤＮＡに関する研究のなかで、わたしたちは自身の知覚や環境によってＤＮＡを修正できることを発見しました。

この研究が意味するところは、わたしたちは固定的に配線されているのではなく、高次の光科学の前提において、すなわち、簡単に配線し直すことができるということを証明しています。脳神経回路だけではなく、遺伝素因やＤＮＡさえも修正し、リセットすることができます。

このことは、わたしたちがＤＯＷ（内在する聖なるもの、内在神）である本質と協働し、常に自らのパターンを変え再構築しながら、顕現しうる最高のヴァージョンになることができる、という概念を支持するものです。

次元間バイオフィールドの科学は、わたしたちについてを、自らが創造するDNA信号に、常に応答しているロボットのようだと主張します。一方で、わたしたちが物質的な肉体に存在できるように、聖なるDNAコードの一部に組み込まれているのです。そのコードは、基底《ベースライン》をなす本質《エッセンス》のうちにあります。ですから、現在のDNAを聖なるDNAの流れに同調できるように、次のようなコード・コマンドを用います。

「わたしはたった今、すべてのDNAのパターンを、原初の完璧な聖なるDNAに書き換えることを要請します！　わたしの内と外を流れる叡智の宇宙のフロー、すなわち基底《ベースライン》をなす本質《エッセンス》が、あらゆるエネルギーの流れをたった今調整し、平和……天国……健康……幸福……調和のエネルギー・フィールドに同調してくれることを要請します！」

右記のコードについてさらに瞑想し、それからもう一度心を込めて唱えます。あたかも、それが肉体をまとった聖なる存在としてのあなたの権利であり、もう一度個人としても世界としても天国と平和を経験できるように。

次のコードは、もうすでにこの世界の精妙な次元として存在している天国の領域に、意識的に同調するために有効なものです。

「聖なるDNAの天国のグリッドに、たった今ロック・インします！　聖なるDNAの天国のグリッドに、たった今ロック・インします！　聖なるＤＮＡの……天国のグリッドに……たった今……ロック・インします！　……わたしは地球人の生まれながらの権利として、平和のリズムに生きることを要請し、この世界が天国であることをもう一度実感します、たった今！　そうです！　そうです！　そうです！」

本質《エッセンス》と本質《エッセンス》の完璧なコミュニケーション 内在する聖なるものの同調コード

（＊自著『Four Body Fitness : Biofields & Bliss（4つの体のフィットネス バイオフィールドと至福）』（未邦訳）からの抜粋）

多くの人たちと同様に、わたしもより高いレベルでのコミュニケーションに関心があります。つまり、エゴや過去の出来事の影響、さらには教育や文化的な違いを超えた、本質対本質の直接的なコミュニケーションです。

ＤＯＷ(Divine One Within)とは、わたしたちみんなの内にある聖なるもの――すなわち、本質です。内在する聖なるもの（ＤＯＷ）の同調コードは、ある一定以上の人々によって真摯に唱えられるならば、わたしたちみんなに力を与え、完璧なコミュニケーションと調和を促進します。

「ＤＯＷに同調します、今！」、もしくは「神との交流を、今！」、あるいは「本質とつながります、たった今！」と唱えましょう。誰かと会ったときに、静かに心を込めて唱えることは、世界と自分を調和的に保つ素晴らしい方法です。もちろん、この瞬間から出会う人々すべてとのあいだに、自動的にこの「本質のつながり」が起こるという明確な意図を持つだけでも効果的です。

このＤＯＷの同調、あるいは「本質とのつながり」のコマンドは、まずは相手を歓迎する気持ちがあれば、家族や友人、同僚、知らない人とのあいだで使うことができます。会った瞬間に、あなたのハートから相手のハートにピンク色の愛の光線を送ることで、お互いのエネルギー・フィールドの共鳴を変えることができ、より純粋なエネルギーのコミュニケーションを可能にします。

次に、相手を見たときに、もっとも高次の愛の法則がお互いのあいだを流れるところをイメージし、静かに次のように唱えます。

「はい、わたしは心からこの人と最高の関係を結ぶことを願っています。ですから、DOWの同調を今、要請します。出会う人すべてとのあいだで、本質対本質の周波数の同調を求めます。そうすることで、互いに恩恵をもたらす関係を楽しむことができます」

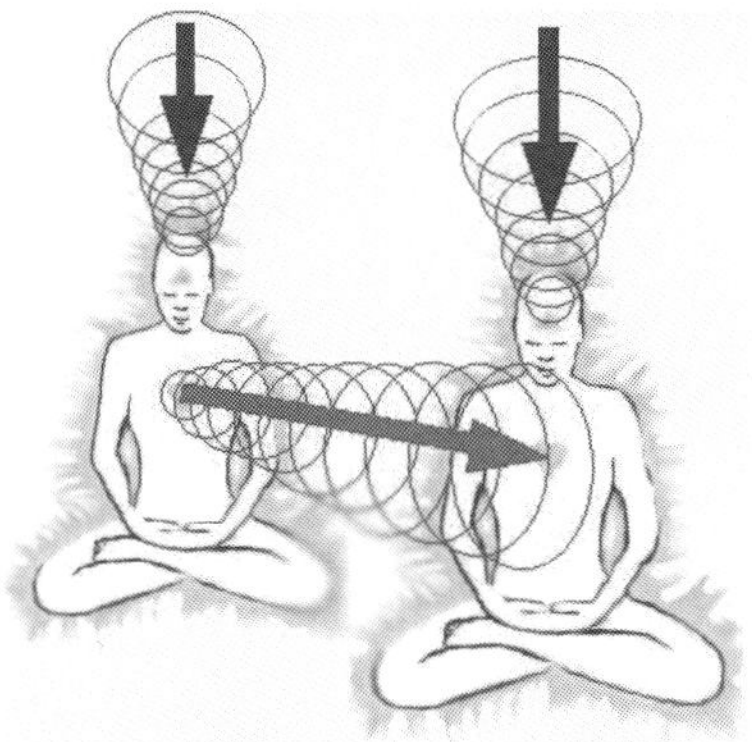

より高いレベルでのコミュニケーションのイメージ

DOWの同調は、賞賛、尊敬、献身の行為です。それは、個人的な枠組みから離れ、お互いの**究極の意志である本質**がコミュニケーションをとることを願い出ることです。

このDOWの同調コマンドは、初対面の人や友人とのあいだに新たな関係が生まれることを要請し、もっとも崇高な交流へと開花させることができます。それは、Win–Win–Win（トリプル・ウィン：三者に勝利をもたらす）の関係を築きます――あなたにとっても相手にとっても世界のエネルギー・フィールドにとっても有益です。

ＤＯＷの同調、あるいは本質との同調を求めることは、自分にも相手にもしてあげられるもっとも利他的な行為と言えるものであり、わたしたちの基底をなす本質《ベースライン・エッセンス》に、他の人々の純粋な本質とコミュニケーションをとる機会を提供するものです。

短い瞑想法

・内なる次元にあなたを取り囲むすべての人々が、たった今、集っているところをイメージしてください……たった今、あなたの周りを円になって囲んでいます。

・ハートが開き、周りの人たちとつながるために、たった今、ピンク色の愛の光線を送っている様子をイメージしてください。

・彼らのハートもそれを受け取り、あなたの愛に開き、吸収しているところをイメージします。今、お互いのあいだに流れているのは聖なる愛の流れである純粋な本質です。

・そして心を込めて次のように唱えます。

「基底をなす本質《ベースライン・エッセンス》のつながり、コミュニケーションにたった今、ロック・インします！　この瞬間から、わたしはすべての人々と純粋な本質を分かち合います。したがって、すべてのことがたった今、お互いにとって恩恵をもたらし、最善であることが起こります！」

・しばらくのあいだ、そのことについて静かに瞑想します。

・その瞑想状態を保ちながら、次のような特定の意図のコードを加えます。

「わたしは今、ＤＯＷ（内在する聖なるもの）、わたしの本質に、家族や愛する人たち、友人、同僚たちのＤＯＷと同調することを願い出ます。わたしのＤＯＷ、わたしの本質に、この地球上のすべての人たち――外的な影響や文化を超えて、このレベルでコミュニケーションをとりたいと願うすべての人々――と本質と本質で同調できるように要請します！　本質対本質のつながりを今、求めます！　したがって、わたしたちが分かち合うものはすべて、万物にとって最善をもたらします」

・次に、この瞑想状態のままで、わたしたちが愛してきた人々や愛してくれた人たち、そして今の人生においても愛し続けている人たちに感謝の気持ちを送りましょう。

・あなた自身とあなたがつながりを持った人たちとのあいだで今起こることは、すべて最善であるという概念にフォーカスしましょう。

基底をなす本質《ベースライン・エッセンス》のガイダンス
3つのレベルの確認システム

（＊自著『The Law of Love（愛の法則）』（未邦訳）からの抜粋）

わたしたちにとって有益な情報を獲得するための最初のレベルは、内なる声とつながり、どのように同調すればよいかを学び、その声を聞くことです――その声は、わたしたちの基底をなす本質《ベースライン・エッセンス》であり、ＤＯＷ（内在する聖なるもの、内在神）です。内なる声を聞けるかどうかが常に、真っ先に実施しなければならない試験法《テスト》です。というのも、それが唯一信頼できる確認方法であり、完璧に清廉潔白なソース（源）だからです。そのためには、自分自身と聖なる特質とのあいだにクリアな回線を確立する必要があります。その聖なる特質のことをさまざまな名称で呼んでいます。ＤＯＷ、モナド、アートマン、Ｉ　ＡＭプレゼンス（われ臨在す）、基底をなす本質《ベースライン・エッセンス》、あるいはただ本質と呼んでもいいでしょう。

このレベルのコミュニケーションは、直感や「知る」という第六感か第七感からやってくるものです。わたしが思うに、人生で何をするにしても、ガイダンスを受ける際の最初のバロメータにすべきです。とくに、人生の「事前合意」にアクセスしたり、顕現しようとするときはなおさらです。

ＤＯＷ（内在する聖なるもの、内在神）は、唯一わたしたち人間が共通して有しているものです。それは純粋で、わたしたちに命を与え、息を吹き込み、完全性へと進化するために愛し、ガイドしてくれるもの、すなわち、万物と調和をはかることのできる、わたしたちの神性を顕現させてくれるものです。ＤＯＷに耳を傾け、そのガイダンスを信じることは、自己覚知や自己統制の基本部分です。

第二のレベルの試験法は、情報や確証を得るために体の筋肉反射を利用したキネシオロジー*の技法を用いることです。キネシオロジーとは、今では多くの人たちがそのトレーニングを受けていますが、どのように使うかや、どのような力加減で筋肉テストを行うかなどで限界が見られます。また、テストを受ける人やテストを行う人の純粋性であったり、質問の質によっても影響を受けます。

デヴィッド・ホーキンズ氏の著書『パワーか、フォースか―人間のレベルを測る科学（POWER VS FORCE）』（三五館）を読むことで、このテーマについてより深く理解することができます。もしキネシオロジーを使うときには、肉体の筋肉反射テストを介して得られたデータについて、わたしたちの本質であるＤＯＷに確認することをおすすめします。ただ生存のみを目的としている身体的な意識よりも、すべてを知っているわたしたちの部分、本質に聞く方が正確なのです。

*キネシオロジー
筋肉が、肉体的・感情的などのさまざまなストレスに反応することで弱化するという特性を利用し、筋肉の反応を調べながら心身の不調を総合的に改善していくセラピー。

三つ目の試験法は、この変化に富んだ、時としてカオスな冒険を支えてくれる素晴らしいシステム、すなわち、叡智の宇宙フィールドから明確な確証を得る方法です。それは、基底をなす本質《ベースライン・エッセンス》としてわたしたちの内にあるのと同時に、わたしたちを取り囲んでいます。

ひとつの例として挙げられるのは、わたしがあることに大変興味を持ち、本屋に足を運んだときのことです。ある本が最上段の棚から落下し、わたしの頭に当たり、ばらばらとめくれながら足下に落ちてきたのです。見開いたそのままを拾い上げると、そのページには、まさにわたしが数日間考えていたことの答えが書かれていたのです。

純粋な本質の流れである叡智の宇宙フィールドは、何かについてもっと知りたいと強く願う、わたしたちのテレパシーのような思考パターンに応答します。とくにそれがわたしたちの進化を助けたり、世界にとって恩恵をもたらすような知識であったりすればなおさらです。

けれどもわたしが三つの試験法《テスト》の中で一番好きなのは最初の方法です。それは、わたしたちの内なる本質、すなわち基底をなす本質《ベースライン・エッセンス》の叡智の流れに、あらゆる問いの答えを確認するという方法です。

わたしたちの最初の直感に従うという方法のほかに、シンプルなやり方があります。わたしたちに息吹を与える**基底をなす本質**《ベースライン・エッセンス》に、その意図と同調していないことを宣言すれば、呼吸を通して方向転換をしてくれる方法です。

わたしはその方法を、呼吸のテストと呼んでいます。

わたしたちは今、巨大なカオスと変革の時代に生きています。自分を信じ、責任を取る時代であり、内側にある無限の叡智と愛の声に耳を傾け信じることを学ぶのです。

では、これから呼吸のテストを実践しましょう。

基底をなす本質《ベースライン・エッセンス》のガイダンス・システム
呼吸のテスト

・しばらくのあいだ、自分にとってまったくの嘘であることについて考えます。たとえばベジタリアンの人が「わたしの体は本当にお肉が大好きです」といったシンプルな嘘でよいのです。

・あたかもそれが事実であるかのようにくり返し唱えてみます。あなたの呼吸に何らかの変化が現れるでしょうか……。

・呼吸が通常通りであることを確かめながら、今度は体に起こっていることに注目します。何度もくり返しこの嘘を唱えているうちに、どんなことが生じているでしょうか。

・次に、絶対的に100%事実であることについて考えます。たとえば「わたしにとって家族は本当に大事である」とか、あなたにとって完全に真実であるシンプルな声明文であればなんでもよいのです。

・次にこの真実の声明をくり返し唱えながら、あなたの呼吸に注目します。

・そして、非常に注意深くし、エネルギー・フォースがあなたを通して呼吸をしていることに気づきます。それはどのようにあなたの声明に反応しているでしょうか……。

・先に読み進める前に、しばらくのあいだ、この呼吸のテストを練習してみましょう。

結果とサイン

多くの人たちが自分にとって真実の声明を唱えたときは、それが自らを通して呼吸している本質の意志とも100%一致しているために、呼吸をするとストンとお腹に、あるいは腸に落ちる感じがし、とくに肺のあたりが拡張し、広がっていく感覚があるようです。

また反対に本質にとって嘘の声明を唱えたときは、息が鼻のところまであがり、喉につまりを感じるようです。そして、肺も含めてすべてが閉ざされ、内に向かって収縮されるような感覚をおぼえるようです。ある人たちは、心臓の鼓動に変化を感じたり、他の身体的なサインを受け取るようです――それは、声明に対して直接的に本質から送られる明確な身体的反応と言えるものです。

しばらく、このリズムでいろいろと試してみてください。あなたの人生のなかで、確信が持てないことについて考えるとよいでしょう。それが真実であるか否かに関わらず、常にあたかも事実であるような声明文で唱えます。それから、どのように呼吸が反応するのかを見ます。

わたしは次のような形で呼吸のテストを行います。

「わたしにとって（ここに声明を入れます）することは、有益です」

あるいは、

「わたしにとって（ここに声明を入れます）することは、最善です」

あるいは、

「わたしにとって（ここに声明を入れます）することは、わたしにとっても最善であるし、わたしがこの世界にできることとしても最善です」

長いあいだ、瞑想に取り組んできた瞑想者は、明確な内なるガイダンスを受け取るのに長けています。けれども、内なる声を聞くために、真の静寂に同調することは長い期間がかかるものです。

この呼吸のテストは、短期間で本質から内なるガイダンスを受け取る簡単な方法であり、深い瞑想状態に入らなくても、いつでもどこでも瞬時に確認を取ることができます。それはまた、わたしたちが誰かに頼る必要がなくなることを意味しています。このシンプルなテクニックで、自分にとって正しいかどうか常に判別できるからです。

もしも、きちんとした手順でこのテクニックを使っても何の反応も得られなかった場合は、あなたが確認したかった情報は、単に今知るタイミングではないことであったり、あるいは、あなたにはまったく無関係であることを意味していたりします。

けれども、このテクニックは誰かのために情報を得るときにも非常に有効です。それがその人にとって最善の情報であるならばそうです。というのも、わたしたちの本質は彼らの本質であり、呼吸を通してあらゆる瞬間にどこにでも存在しているからです――それはすべてを知り、すべてを愛する、叡智に満ちています。

ですから、あなたにとって瞬時に反応を得られるシステムとして機能するまで練習してみてください。内なる本質に向けて、頭の中で一回か二回か、テレパシーを介して声明を送るだけでよいのです。そしてどのように呼吸が反応するかを見ます……常に自然に呼吸します……そして、常にあたかも事実であるかのように声明を唱えるのです。

このテクニックは、あなたにとって重要な、人生を変えてしまうような決定をする前に使ってみるとよいでしょう。

本質《エッセンス》で在るための瞑想法

・しばらくのあいだ、深く……ゆっくりとした……優しい呼吸を行います。
・ゆっくりと深く息を吸うごとに、わたしたちの内面の奥深くにある、純粋な本質のエネルギーの無限の流れから、本質を引き出しているところをイメージします。
・そして息を吐くときは、ただリラックスしてゆっくりと吐き出し、すべてを解放していきます——ただ一つ、この純粋な内なるエネルギー・プールである本質に焦点を合わせながら。
・ゆっくりと……深く……息を吸います。
・わたしたちの存在の根幹の部分から、本質を引き上げていきます。
・息を吐くごとに、本質に向かってより深くリラックスします。
・呼吸のリズムをさらにゆっくりと落ち着かせます。わたしたちに息を吹き込んでいる本質に、より深いレベルでつながることができるという意図を持って。
・ゆっくりと息を吸うごとに、それ（本質）が優しく立ち上がり、内面を力づけていきます……。
・ゆっくりと息を吐くごとに、すべてを解放していくのと同時に、ゆっくりとした深く、精錬化した息を吐くごとに、立ち上がる純粋な本質を感じます……。
・この本質は純粋で完璧で、すでに癒され完全であるあなたの悟った部分であることをイメージします。それは、あなたがゆっくりと息を吸うたびに引き出している内なるエネルギー・プールです。

・それから、息を吐きながらリラックスし、あらゆる心配事やあなたを今の瞬間から切り離すものすべてを手放し、純粋な本質のエネルギー・プールへと戻っていきます。
・この純粋な本質は、おそらく瞑想を通してよく知るあなた自身の一部であり……あるいは、まだ知らないあなた自身の一部かもしれません。
・ですから、リラックスして流れにオープンになりましょう。
・わたしたちの奥深くの内なる核から引き上げて、ゆっくりと息を吸うたびに身体を満たしていきます。
・それは愛情深く、聡明でパワフルな存在、すなわち、あなたの内なる導師、あなた自身の内なる賢者なのです。
・引き出すにしたがって、あなたのあらゆるエネルギーとこの純粋な本質がミックスされ、ブレンドされる様子をイメージします。
・ゆっくりと息を吸うたびに、あなたの内面からそのエネルギーが引き出され、あたかも両親が消息を絶っていた子どもを抱きしめるように、あるいは、大事な友にあいさつするように、あなたに愛を贈ってくれます。
・ゆっくりと……深く……つながる呼吸をします。
・優しく呼吸を続けながら、あなたの内面の最高次の領域からエネルギーを引き出すことを意図してください。
・純粋な本質がより完全にあなたのなかで存在を増すように引き出します。そうすることで、純粋な本質のエネルギーは、存在のあらゆるレベルにおいて、あなたに滋養を与えることができます……。
・**それ**が立ち上がり、あなたを変容させ、調整し直し、純粋な**自己**として満たしていく様子をイメージしてください。
・もしかしたら、あなたのなかのもはや役に立たなくなったものすべてを焼き尽くす、冷却の炎のように感じるかもしれません。ですから、一呼吸ごとに、あたかも生まれ変わったかのように感じるでしょう。
・息を吐くたびに手放し、身体全体をリラックスさせ、この誰もが持っている、純粋でアセンション（次元上昇）したエネルギー・プールに深く浸っている感覚を味わいましょう。
・ゆっくりとした深い呼吸をしながら、あなたがこの無限の愛と叡智の本質の泉を飲んでいる様子をイメージします。
・本質があなたの細胞構造を満たし、それから吐く息とともに、あなたの毛穴を通して、この純粋な本質の流れに開いている世界中のところに滋養を注ぎます。
・ゆっくりと深く息を吸い込み、吐く息とともにあなたの本質と深く身を委ねます。
・この深くゆっくりとした呼吸をするたびに、あなたが無限の愛と叡智の本質を飲んでいる様子をイメージしましょう。
・静寂を楽しみながら、あなたの真実の姿である（内なる）核から純粋な本質を引き出していることにフォーカスします――さあ、それを立ち上がらせましょう……。
・あなたの身体のシステムを満たすにしたがって、**それ**がするべきことがなされるままにします。あなたの感情、精神、身体、霊的《スピリチュアル》に滋養を与えます。
・たった今、その流れがあなたを元の健康、幸福、調和のリズムへと調整してくれていることをイメージします。
・ゆっくりと呼吸するたびに、わたしたちは純粋で賢く、愛情深い存在であることを感じ、知りましょう。

そして、この本質を引き上げ、人生を通して輝かせます。
・この呼吸法とともにわたしたちがいつも唱えるマントラは「I AM（アイ・アム）」です。
・ゆっくりと息を吸いながら「I（アイ）」と唱え、内なる究極の存在「聖なるI（わたし）」と同一化します。
・そして、息を吐きながらゆっくりと「AM（アム）」と唱えます。
・「I AM（アイ・アム）」のマントラは、万物に宿る究極の「I AM THAT I AM（われはわれたるもの：〈わたしは「われ在り」というもの〉）」の真理を承認する世界最古のマントラです。
・しばらくのあいだ、この呼吸のリズムと意図を持ちながら、「I AM（アイ・アム）」のマントラを加えます。
・そうすることで身体にどんな変化が生じるかに注意します。

この呼吸法を朝と晩に5～10分ずつ行います。あなたの本質により意識的でいられるように、呼吸法とともに一日をはじめ、そして終えます。

健康であること

・わたしたちがどのように時間を使うかによって、健康のリズムが決まります。
・どのように自分がありたいのかを考え、賢い選択をすることは、あなたが健康なリズムを見出すことに大きく貢献してくれます。
・健康と幸福、調和は、正しいふるまいとライフスタイルで自分のものとすることができます。
・多くの人がすでに知っているように、健康な身体はわたしたちの魂や心、精神状態の健康に密接に関係しています。
・健康は、調和的に生きていくことも意味しています。つまりポジティブな方法で全体へとつながっていくことです。他者のことを意識し、お互いにとって有益な方法で関わるということです。それをM・E(Mutually Enhancing：相互促進的な)方法と呼んでいます。
・M・Eの方法とは、明確な意図を持って、全体に利益をもたらす方法で活動することを意味しています。つまり、一人はみんなのために、みんなは一人のために、です。
・そのためのもう一つのコードは次のようなものです。

「わたしのあらゆる存在との関係が、相互促進的に働きますように！　たった今、それが現実となりますように！」

・お互いに利益をもたらす（相互促進的）エネルギー・フィールドを獲得することは、自己責任的で、自己養育的なあり様を促進することであり、わたしたちのあらゆる行いをよりよいリズムにし、全体に、自らに、そして自らが創造するものすべてに健やかさを与えます。
・これらのことをライフスタイルの選択を通じて行います。
・健康なハートは、すべての存在の幸福を考えられるペルソナ（自己の外的側面、人格）です。
・健康なハートは、自由に楽々と愛を与え、受け取ることができ、恩寵の流れに命を支えられています。
・健康なマインドは、全員にとって最善の解決策に開かれています――トリプル・ウィン・コード（三者が勝利するためのコード）を活用することで実現します。

想いを込めて、次のように宣言します。

「わたしはあらゆる場面における、個人的、世界的争いに対する完璧な解決策を与えられることを願います。わたしにとっても、他者にとっても、世界にとっても勝利（W－N）がもたらされる解決策です！　完璧な解決策、三者のW－Nに携わりたいと願っているすべての人たちのハートとマインドにダウンロードされることを願います、たった今！」

・健康的なスピリットは、必要とされれば喜んで手を差し伸べます。そして、万物に貢献するポジティブな道に光を当てます。地球を愛おしむように思いやり、その資源を効率的に使い、智慧を授けてもらいます。

コード：「わたしたちの惑星を愛し、賞賛し、尊敬します。そして良き民としてガイアの世界に住みます」。

わたしたちは地球からもらうばかりではなく、それ以上のものを返します。

・この世界のスピリットやガイアに返すことのできる、もっとも効率的な方法とは何でしょうか？

・個人的に消費する資源を減らすことはできるでしょうか？

・そのために、自らの基底をなす本質《ベースライン・エッセンス》のプラーナ資源のプールを体験し、拠《よ》り所とします。

・健康な人の基底をなす本質《ベースライン・エッセンス》は常にそこにあり、内側に流れ続けています。ですから、その鼓動は、肉体という「家」を含め、自らのあらゆる側面に滋養を与えることができます。

・健康的な身体とマインドのつながりによって、身体について、本質を「糊《のり》」として、原子と細胞がくっつけられた小宇宙として認識できるようになります。そして、その「糊」を愛として感じられるでしょう。

・健康的なハートは人生を通して歌い、わたしたちを創造の不思議さと平和で満たします。

・健康的なハートとマインドは、より大きな像を見て知り、必要なときにガイドしてくれます。相互促進的に動くことの恩恵を知っているのです。

・この特定のOS（オペレーション・システム）を介して、人生を構成していくことにコミットすることで、健康がもたらされるのです。

・くり返しますが、「平和の大使」で見つけた最善のシステムとは、快適なライフスタイルのためのプログラム（L・L・P）の8つのポイントであり、YouTube番組でも取り上げています。

・このライフスタイルは、わたしたちを個人的、感情的、精神的、霊的なレベルで、健康や幸福、調和をもたらすように設計されています。誰でも簡単に無料で入手できます。

また次のようなコードを試すこともできます。

「わたしは、健康と幸福、調和のリズムです。わたしはこのリズムを体験し、楽しむことに開きます、たった今！」

健康なリズムに至る方法はたくさんありますが、右記は簡単に始められる方法です。シンプルな方がいいのです――あなたのハート（**大いなるハート**の中のハート）で正しいと感じられるものを採用すればよいのです。

わたしたちの本質《エッセンス》 宇宙のマイクロ・フードの源

わたしたちがもっと本質として存在するようになるにつれて、より高次の表現の次元に移行し、わたしが宇宙のマイクロ・フードと呼ぶものによって、身体的に滋養を得られるようになります。

わたしたちの研究の結果、それは個人的な健康に限らず、環境にも良い影響を与えることが分かりました。そのいくつかの成り立ちをより大きな視点から説明していきたいと思います。

わたしは、この二元的な次元に拘束された魂がなし得るもっとも充実した冒険のひとつとは、自らの「ＩＡＭ（アイ・アム）エッセンス」（われ本質なり）と完全につながり、完璧に融合することではないかと思うのです。

そして、さらに統合意識は、本質がどこにでも漂っており、創造の基本構造であり、生命の基底の周波数であることを感じ取らせてくれます。

宇宙のマイクロ・フードは、その流れによって、肉体に滋養を与えることのほかに、わたしたちを永遠に変容させてしまうような、平和と充足感のリズムに同調させてくれます。

そのギフトは無限です。

わたしたちを愛し、導き、癒し、完全に滋養を与える力は自然であるのと同時に、深遠です。それは独自の方法とタイミングで、わたしたちの前に立ち現れてくるのです――わたしたちの内と周辺のエネルギーの流れが一致したときです。けれども、わたしたちはこれまでも切り離されていたことはなく、その力は常にそこに漂っています。ただ、エネルギーの流れに強弱があるだけです。

プラーナによって生きる科学を理解することで、それをコントロールできるようになります。それは、本質で在るという科学なのです。

わたしたちはすでに、プラーナによって生きる現実に関する本を5冊執筆しており、このテーマについて詳述しています。物質的な食料や飲み物を必要としなくなることの鍵は、本質にもっとも満たされた自分のヴァージョンになるということです。

このことは、ブレサリアン（呼吸のみで生きている人）の現実についてを、飲食（を必要としなくなる）ということではなく、スピリチュアルな冒険であると示しています。というのも、宇宙のマイクロ・フードを摂取することは、本質とその多次元的な性質に直接アクセスすることを意味しているからです。

誰でもその自由（宇宙のマイクロ・フードを摂取する）を持っている、自分のヴァージョンがあります。わたしたちはみな、もうすでに真のブレサリアンである多次元的、次元間的な自分のヴァージョンを持っているのです。形を持たず、愛と叡智の意識の流れであるヴァージョンです。

わたしたちはみな、未だ（肉体という）形を持っていながら、光に満ちあふれている自分のヴァージョンもあります――本質であるプラーナが滋養の資源となっているのです。

わたしたちが、ベータ波で機能する二元的な世界に生きる個人的自己にフォーカスするならば、物理的な飲食を抜きに生きることはできません。

ブレサリアンは、神を呼吸する人たちだと見なされてきました。それは、本質としての神がわたしたちに息を与えているのです。わたしたちが同一化する視点を、自らの本質へとシフトするときに、すべての贈り物を享受することができます。それには、肉体に何を栄養として補給するのかという選択肢も含まれています。そうしたのち、わたしたちは本質を神のような力を持った存在として認識するだけでなく、わたしたち自身が本質の一部をなしているのであり、ある人は神と呼ぶ、純粋なＩＡＭ（アイ・アム）なのだということを発見するでしょう。

わたしたちの基底をなす本質《ベースライン・エッセンス》
滋養の資源（光で生きる）

・わたしたちの本質は、純粋なプラーナである生命力です。
・基底をなす本質《ベースライン・エッセンス》（Baseline Essence：以下 B・E）を内的な資源としてどのように活用すればよいか理解するためには、それが何によって構成されているかを知る必要があります――B・Eの構成物とは何でしょうか？
・エネルギー源としてB・Eは、人生のすべての建築素材を所有しており、また、万物には同じB・Eが編み込まれています。
・たとえば、綿のシャツは、はじめに綿の種が植えられ、育てられ、収穫されてから（糸に紡がれ）織り上げられたのち、はじめて製品（生地）となります。そうして、その生地からは、いろんな種類の衣装が出来上がります。ベースラインは生地のようなものです。すべてのものに織り合わされているのです。
・それと同様に、創造の素となる素材・構造（生地）も、さまざまな形に織り合わされ（仕立て上げられ）ていきます。宇宙になるものもあれば、銀河や太陽系、惑星、人間、あるいは、その他の生命体になるものもあります。
・万物のなかにB・Eは存在し、さまざまな表現をしています。ですから、B・Eは万物の共通基盤だと言えます。

・創造を支える素材であるB.Eは、あらゆるビタミン、ミネラル、化学物質、電磁気パルスになり得るものであり、人間の身体が必要とするもの以上を有しています。

・したがって、プラーナから滋養を得たり、プラーナ（あるいは、B.E）によって生かされることは、代替的な滋養の資源をつくり出すこととは、別のことになります。

・むしろ、B.Eのなかにすでにあるものを引き出し、それがなすべきことをなすがままにすればよいのです――たとえ、わたしたち自身がその方法を忘れていたとしても。

・B.Eに意識を融合し、生体システムを同調させることによって、B.Eは、ただ肉体的に滋養を与えるということ以上の贈り物をもたらしてくれます。

・わたしたちはさまざまな方法でB.Eに触れることができますが、それにはまずB.Eを誰でもアクセスすることができる内的資源であると認めることがプロセスの第一歩です。

・ただの概念としてではなく、具体的な体験としてであれば、B.Eを認めることはより簡単です。

・B.Eを体験することは、周波数を合わせることからはじまります。それは快適なライフスタイルのためのプログラム（L.L.P）を通して可能となり、B.Eと同一化することや意識を同調させることに重点を置いています。

・宇宙の共鳴の法則によって、わたしたちがB.Eに焦点を合わせれば合わせるほど、B.Eは拡大します。

・B.Eは無限の叡智のフィールドを有しています。このフィールドでは、どうすれば生命体があらゆるレベルにおいて健康に生きることができるのか、生得的に知っているのです。

・実際に、B.Eはあらかじめプログラムされたデータを持っているのであり、どうすればわたしたちが「自己持続的」で自らの完全性を感じることができるのか、そのために必要なデータにアクセスする方法を知っています。
・ですから、完璧な教師だと言えるのです。
・したがって、わたしたちが取るべきステップは、承認の姿勢と委ねること、そして毎日ライフスタイルを調整することです。
・承認は、マインドの持ちようを変えることを要します。つまり、わたしたちは生きるために食べるのではなく、味覚を楽しむために食べるのだと認識することです。というのも、B.Eによって生かされていることを知っているからです。
・たしかに食事をとることは楽しいことですが、わたしたちは必ずしも食事を必要としていないことと、どこから栄養源(滋養)を得るのかについて、より偉大な選択肢があることを知っているのは嬉しいことです。
・次に、わたしたちの肉体システムを、宇宙のマイクロ・フード(これもまたB.Eです)などのあらゆる健康的な資源から、完璧な滋養分のブレンドを受け取ることに開きます。
・また、わたしたちの生体システムのすべてに、完璧な滋養分の資源として本質に開くことをやさしく指示します。
・それが身体的、感情的、精神的《メンタル》、そして霊的なシステムに起こるように意図します。
・さらに、聡明なB.Eにあらゆるレベルで十分に滋養を受け、健康と幸福、調和と互恵的な関係のリズムに楽々と優雅に生きることができるように願い出ます。

・このプログラムは、その意図のもつ効果として、ただ肉体だけではなく、あらゆるレベルで「自己持続的」に機能できることをゆるしてくれることです。

・次に、肉体と対話し、耳を傾けることを学ぶ必要があります。ただ習慣で食べることをやめましょう。空腹を感じたときだけ食べるのです。そして、同時にB・Eができることについてしっかりとした知識を堅持します。

・食べることを減らし、生の軽めの食事を増やすことからはじめましょう。一日3食から2食に減らし、次に2食から1食に減らします。お皿に軽めに盛りましょう——満腹になるまでではなく、空腹が収まったら食べるのをやめます——その方が身体にいいことが調査で分かっています。

・瞑想を通して身体意識にチューニングを合わせ、あなたが頭で考えるよりも、身体が何を必要としているのかを聞いてみます。

・わたしたちが紹介したB・Eガイダンスの呼吸のテストの仕方を習得し（243ページ参照）、あなたの普段のプラーナのパーセンテージを調べます。そしてライフスタイルを通じて、パーセンテージを上げていきます。

・そして、次のように声明しながらテストを行います。

「プラーナはわたしに身体の50％以上の滋養分を提供しています！」

もしもこのテストを行って確証が得られたら、同じように60％以上、さらにはそれ以上という風に、現在のあなたの正確なプラーナのパーセンテージをつきとめます。何の反応も得られないときは、もっと低いパーセンテージを述べていきます。たとえば、40％とか、あるいは49％とかです。もしも、50％であることが確証できれば、安全にその残りのパーセンテージまで、物理的な食事（量）を減らすことができるでしょう。けれども、それを実行する場合は次のような意図を持っておく必要があります。「わたしが健康で、自己再生的で、自己持続的であるために必要なあらゆるビタミン、ミネラルやその他の栄養素をすべて、自らの本質であるプラーナから直接受給します」

・完全にプラーナとB・Eだけによってのみ生きるということへの転換は、プラーナのパーセンテージが100%で、生体システムも完全にそこに接続されている状態でなければ不可能です。

・**注記**：精神体《メンタル》と肉体的なシステムは、しばしば早い転換にも対応できますが、感情体のシステムがより時間を必要とします。

・どのくらいの転換期間を要するのかは、各々の生体システムによって異なりますし、誰もが個性的な存在ですから個人差があります。

・特定の美徳を身につけておくことも、純粋なプラーナの流れから滋養分を受け取ることが可能な程度に、より強く本質の流れにアクセスできるようになるために重要です。

・その転換のプロセスを容易にするために必要な美徳をどのように取得できるかについて、B・Eガイダンス・システムを活用しましょう。どの部分にもっと注目し、成長させる必要があるでしょうか？

・真摯な想いを込めて、B・Eに、どうすれば有機的に滋養を得るという体験ができるのかについて、ガイダンスを求めましょう。楽々と優雅に、楽しみながらというリズムのなかで、最善の方法とタイミングで実現できるように。

・瞑想を通して、本当に本質がどのようなものであるのかを体験することで、B・Eが愛、叡智、本物の滋養の完璧なエネルギー資源であることを理解し、信頼します！

・内側の聖なる資源により意識を向けて、世界の食料資源への依存を減らし、そこから自由になるために活用してください。

愛と思いやりを持って身体を扱います。

＊それについて、より詳細なガイダンスを知りたい方は、『神々の食べ物―聖なる栄養とは何か』ジャスムヒーン著（ナチュラルスピリット刊）を読んでみてください。

わたしのヴァージョン

わたしは、本質にしっかりとつながれ、固定されているさまざまな自分のヴァージョンが好きです。これらのヴァージョンは、健康で幸福で充実感に満たされています――より年長で聡明な自分のヴァージョンであり、あらゆる形で進化しつづけている、わたしのすべての側面――芸術的なわたし（キャンバスのなかに色づけしていくことが好きなわたし）、音楽的なわたし（音階をマスターすることに没頭する初学者のようなわたし）、平和の大使としてのわたし、母であり祖母であるわたし、おかしなボヘミアンのわたし、さらには世界的なブレサリアンのリーダーであるかのように誤って認識されているわたしなど、数限りないわたしがいます……。

さまざまなわたしが合わさって、わたしの人生という映画を生み出し続けているのであり、それぞれのわたしが異なる役割を演じているのです。

わたしたち自身には、いくつもの層がありますし、探求すべき数多くの精妙な領域があります。すべての層を体験し、人生を通してできる限り最高の踊りを踊ったら、最終的にわたしたちがやるべきことなどは何もないということが分かります――ひとつ、もっとも本質に浴しているヴァージョンを探し当てるまで、あらゆるレベルの奥深くに身を委ねていくことを除いては。この、人間という経験のなかで、本当の充足感を味わえるのはここだけです。そして最高のニュースは、その本質にどっぷりと浴すことのできるシンプルな道があるということです。本質とは、内なる王国に住まうわたしたち自身の一部です。ですから、わたしたちはリラックスして、もうすでに内側にある純粋で完璧なヴァージョンに触れていけばよいのです。したがって、わたしたちのすべきことは、より深くそれらのヴァージョンに同調しながら、自分で選んだヴァージョンを楽しめばいいだけです！

というわけで、わたしは内面の奥深くのレベルに意識の焦点を振り向け、黙想のために座し、その輝きと素肌を感じています。はい、わたし（ＩＡＭ）は、純粋な本質であり、万物の内の愛として存在しています。わたしたちはただ立ち上がる本質であり、叡智が投げたボールの流れのようなものです。わたし（ＩＡＭ）は、光の金色のパルスのようにマトリックスを漂っています。わたしは愛の潮流に後押しされながら、広い川を泳いでいます。

本質《エッセンス》のネットワーク「I AMの仲間（種族）」

本質で在るとはどういうことであるかを理解し、感じることと、統合意識のなかに存在することは、わたしたちを慈愛に満ちた意識的な人々が集う、もっともすばらしいメタフィジカル（形而上学的）なネットワークにつながることを意味します。

一人一人はユニークであるのと同時に、それぞれが自らの「I AM（アイ・アム）エッセンス」（われ本質なり）の延長であり、何らかの成果を期待して特定の表現を選んでいるのです。ですから、すべての人のエネルギーのリズムは――わたしのように――この密度の重い三次元的な世界のなかで、成長し、学ぶにしたがって、常に変容し、精錬化しているのです。

それぞれのI AM（アイ・アム）の延長、すなわち、すべての生命体は人生というタペストリーのなかに完璧にはまっており、みんながより大きなプールに何かを加えているのです。より大きな視点でとらえたり、振り返ってみたりすると、あらゆる苦悩と痛みは最終的には再び智慧と喜びをもたらします。このように物事をとらえ、見たり感じたりすることで、わたしたちはもっとリラックスでき、自由になります。

わたしは、相互促進的なリズムをエネルギーとして与えたり受け取ったりします。というのも、それがいちばんわたしにとっては自然だからです。わたしは生命のリズムについて学んだり、感じたり、いろいろ試してみたりしました。そうすることで、わたしがI AM（アイ・アム）の仲間（種族 tribe）と呼んでいるネットワークを自然に携えている純粋な本質に浴すことができるからです。

ＩＡＭ（アイ・アム）の仲間（種族）とは、**本質で在ること**にフォーカスしている人たちのことであり、彼らはどこにでもいます。わたしたちの惑星だけで「ＩＡＭ（アイ・アム）エッセンス」（われ本質なり）は、70億もの肉体をまとっており、さらには、鉱物や植物、動物などのあらゆる形を通して探求しています。

ＩＡＭ（アイ・アム）の仲間（種族）のエネルギーに満たされた存在たちは、絶対的な融合と喜び、一体性を感じています。一方、まったく異なるエネルギーの流れに乗っている存在たちもいて、彼らはしばしば自分たちがマインドと身体、感情のみで構成されていると感じています。

本物の統合意識に生きることに「Ｙｅｓ（はい）」と答えることとは、最高最善の人生経験を送ることに「Ｙｅｓ（はい）」と答えることに等しく、それは多くの人たちが生きているただ日々の生活に応える人生をはるかに超えるものです。

すべてに力を与える最高最善の人生のパラダイムに取り囲まれることや、「わたしはみんなを元気づける完璧な人生を生きます！」ということに「Ｙｅｓ（はい）」と答え、「ＩＡＭ（アイ・アム）エッセンス」（われ本質なり）がそれを実現すべく働くことによって、大きな自由がもたらされます。

次のような心のこもったコード――「わたしは健康と幸福、調和のリズムです」――に「Ｙｅｓ（はい）」と答えることは、そのようなエネルギー・フィールドに対して自分を開き、その現実をわたしたちに引き寄せるのと同時に、わたしたちがその現実に引き寄せられることを意味します。それが、心のこもった明瞭さのプログラムが行うことです。

人生のあらゆる争いを完璧に解決することに「Ｙｅｓ（はい）」と言うことも、大いなる自由をもたらします。わたしたちはトリプル・ウィン（三者の勝利）の解決策が発動されたときに、あらゆる争いが消滅するのを目撃するでしょう。前述したように、「わたしたちの人生と世界に存在するあらゆる争いに対して、完璧なトリプル・ウィン解決策を発動します、たった今！」と心を込めて宣言することは、わたしたちを二元性と争いから解放してくれる偉大で明瞭な声明です。

「ＩＡＭ（アイ・アム）エッセンス」（われ本質なり）の仲間（種族）として、自らのＩＡＭ（アイ・アム）の延長であるわたしたちは、同時にあらゆる創造を経験します。したがって、創造に関してより自覚的となり、もっと大きく、明るく、賢くあろうとするでしょう。

このわたしたちという大海のどこかにわたしがいて、そのわたしは有能な医師、あるいは、科学者、芸術家、音楽家、マイムの役者、船乗り、彫刻家、エンジニア、ＵＦＯのパイロット、ＥＴ、天使、アセンデッド・マスター、いえ、それ以上の存在かもしれません。すべてのわたしは、真実のわたしたちの側面であり、わたしたちは本質という内なるネットによってつながっているのです。

そのことを知ることで、わたしたちが後を追いかけたり、裁いたりすることは何一つなくなります。そして、ここに何かがないと言って嘆く必要もなくなります。わたしたちは完璧な人生を生きているのであり、今生きている人生を愛しているのです。そうでないとするならば、わたしたちはどこかで、本当に苦悩と葛藤のなかに閉じ込められているのでしょう。けれども、それでもいいのです。というのも、すべてに価値があり、全体に対して情報を付け加えているからです。

そして、もしも本当に人生に気に入らないことがあるとするならば、わたしたちは簡単に自分のリズムや人生の経験を変えることができます。そのために、まずは個人的な自己という人間性を、愛情を持って受け入れ、それからもっと自らの本質と同一化することを選択すればよいのです。その方法を、これまでわたしたちは提案してきました。

ですから、今この地点において、わたしはこれまでの人生で一番リラックスしていると思います。自分や他者について裁く必要がまったくないからです。その代わりにわたしは､自らの「ＩＡＭ（アイ・アム）エッセンス」（われ本質なり）が行くべき方向を完全に分かっていると知り、リラックスして人生を楽しめばよいのです。「ＩＡＭ（アイ・アム）エッセンス」（われ本質なり）としてのわたしは、完全にいるべきところに置かれているのです。

今ここにおいて、素晴らしい音楽がわたしのハートと家を満たしてくれています。感謝し、楽しみ、そして、愛すべき家族もいます。

今ここにおいて、わたしが歩く大きな青い惑星があります。わたしが毎日感じているナチュラルなリズムの主は、わたしたちがガイアと呼ぶパワフルな存在です。それは今、偉大な変容のときを迎えている宇宙の存在です。

いずれ友となるまだ会わぬ人たちもいれば、いずれわたしと同様にこの世を去る前に、共に楽しい時間を過ごせる友人たちもいます。

これから見たい、まだ未知のものがたくさんありますし、楽しんだり、創り上げたいものもいっぱい残っています。ただ人生のゲームを生きているだけで、数多くのリズムを分かち合っているのです。ですから、今ここで人間として生きることは真に喜びでしかありません。

今日、春風が谷間を吹き抜けるときに、そのプラーナでわたしを元気づけてくれました。今日、鳥たちのさえずりを聞き、太陽の光を浴び、それから自分のｉＰｏｄで心に響くような音楽を楽しみました。

今日は実に完璧な日です。そして、今この瞬間が完璧な人生なのです。

こんなにシンプルに生きることができるでしょうか？　人生のより高次なオクターブへとシフトし、みんながただ本質として生き、相互に恩恵をもたらし、喜ばしい時間を経験するという生き方は？　断る理由などありますか？

ゆるすことは自由であることです。一歩引いて、手放し、「ＩＡＭ（アイ・アム）エッセンス」（われ本質なり）の延長であるわたしたちがその仲間（種族）になることをゆるし、すべての人々が同じ本質によって導かれていることを信頼しましょう。わたしたち一人一人が人生を探求する、あるいは安らぐという意識や欲求を持っているのであり、今生でどんな青写真を持っているかによって異なります。

純粋な本質としてのわたしたちの存在に、「死」はないことを知っています。ですから、だれ一人死ぬ人などいませんが、その人の持っている信条や時間の過ごし方によって、形が変化することはあり得ます――年を取り、やがて死んでしまう、など。こうしたことを知っていることもまた、自由をもたらします。

これらのすべてを知ったうえで、選択する際は明瞭でなければなりません。わたしたちが創造するものは常に全体に影響を与えるので、自分が何を創造したいのかについて非常に意識的である必要があります。

わたしたちの長年の研究から編み出したライフスタイルや、「王国への鍵」の章で扱った方法を実践することで、さらに偉大な自由を手に入れることができるでしょう。病気や不健康さとはもはや無縁になります。

スピリットと肉体とマインドが一体となり、よく選考された思考や感情を持つことで、わたしたちは万物に恩恵を与えることができます。それはまた自由をもたらし、良質な人生に平和を運んできてくれるのです――よく考え抜かれた未来と、ただ喜びでしかない新たな瞬間を通して。

これまでも、そしてこれからもあるがままに

わたしは微笑む

そばにいてくれた友人たちに微笑みます
どこにでも見出せる光に微笑みます
人生を満たす恩寵に微笑みます
無限の光を携える愛を知り、微笑みます

毎日とそれがもたらすすべてのものに微笑みます
真実の愛が歌うハートに微笑みます
真新しい始まりのチャンスに微笑みます
愛の真実を知る道に微笑みます

英雄を目にしました、人を愛することも知りました
ええ、愛のドラムを打ち鳴らすことで叡智が訪れます

地球で過ごすこのときに微笑みます
この大きな再生を迎えることに微笑みます
もう一度愛の光のなかで踊るということ、
そうしたいと心から願えることに微笑みます

そばにいてくれた友人たちに微笑みます
どこにでも見出せる光に微笑みます
人生を満たす恩寵に微笑みます
無限の喜びを携える愛を知り、微笑みます

結び

世界には数多くの難解で複雑な秘教的実践法が出回っています。けれども、わたしたちがここで紹介したことを実践するだけで、十分に一人一人の人生を、感謝と恩寵で満たされた人生へと変容させることが可能です。そして、わたしたちの世界を、生きとし生けるものすべてを敬い、思いやる世界へと変容させます。

愛と光と微笑みを込めて

ジャスムヒーン

補足情報

＊本質のエネルギーから肉体的に滋養を得て、生きる方法についてより詳しく知りたい方は、次のサイトをご覧ください。

http://www.jasmuheen.com/living-on-light/

＊快適なライフスタイルについて、もっと知りたい方は、わたしたちのＹｏｕ Ｔｕｂｅ番組から次についてのビデオ（動画）をお楽しみいただけます。

瞑想の魔法、祈り。

訳者あとがき

わたしのジャスムヒーンさんとの出会いは、『リヴィング・オン・ライト』（ナチュラルスピリット刊）の翻訳のお手伝いを依頼された際に、原書を読んだときでした。彼女の言葉から発せられる、独特の精妙で摩訶不思議なエネルギーに新鮮な驚きを覚えたことを忘れません。あれから十年の歳月が流れ、再びジャスムヒーンさんの翻訳を依頼されたことを光栄に思います。

本書は、さらにジャスムヒーンさんの世界観、宇宙観が色濃く表現されています。わたしたちの内面には無限のエネルギー・プールなるものがあり、その根底に本質《エッセンス》が漂っています。その本質《エッセンス》の領域まで意識が精錬化されて、たどり着くと、ありとあらゆる自分自身の表現体につながっていることが体感できるようです。その表現体とは、もはや物理的次元にとどまらず、マルチバース（多元宇宙論的）なレベルでのありとあらゆる存在であり得るようです。アセンデッド・マスター、光の存在、天使、神々、地球外生物、鉱物、植物、動物、水素、元素に至るまで、ありとあらゆる表現体のなかに、わたしたちの本質《エッセンス》が流れているのです。何と言う、壮大なヴィジョンでしょうか！　何と言う、究極の真理でしょうか！　当然のことながら、わたしの頭では着いていけず、何度も翻訳の作業を中断せざるを得ませんでした。彼女の語ることが、通常の思考をはるかに超えているために、一方で翻訳という極めて左脳的な作業を行いながら、思考の働きを止めた上で、自由に漂うエネルギーなるものを言葉で色付けていくというアートのような作業を要されました。

ですから、読者の皆さまも本書を読む際には、頭では「え？」と思うような表現があったとしても、どうかそこで分析のループに入ってしまわずに、言葉の背後に漂うエネルギーなるものを味わっていただければと切に願います。彼女の言葉を文字通り、知的に理解しようとしても限界があるかもしれません。むしろ、本から伝播されてくる「周波数」にご自身のエネルギーを調律していく位の軽快な心持ちで、どんどん読み続けていただくことをおすすめします。頭では理解できなかったことでも、きっとわたしたちの超意識には、しっかりとメッセージが届けられているはずです。

また、本書の前半部では、詩的なメッセージ（チャネリング）を多用しているのも、この知的な理解を回避するためではないかとわたしは思っています。むしろ、二元的な言葉では到底説明できない真理を、彼女は伝えようとしているのです。西洋と東洋の文化の違いもあることから、聞き慣れない表現もあるかと思いますが、あたかもヒーリング・ミュージックを聴くように、イメージを漂わせながら読んでいただきたいと思います。

一方で、彼女のメッセージは極めてシンプルです。わたしもメタフィジカルな本や教えが大好きで、数多くの偉大なスピリチュアル・ティーチャーの教えに触れてきましたが、本当に優れたものは、それぞれの特色や持ち味、強調点は違っても、同じことを言っています。本書も例に漏れることなく、瞑想や祈り、食事の調整（心身のデトックス）、マインド・マスタリー（言葉と思考をポジティブなものに置き換える、自分が自分の意志や人生のマスターであるという自己責任的な意識でエゴマインドを統制すること）、愛と慈悲心、ゆるしの大切さを説いています。そのためのツールを、彼女は数多くに提供しています。ぜひ、本書で紹介されている瞑想法を実践してみてはいかがでしょうか？

わたしは想像します。いつの日か、彼女が言うような本質《エッセンス》にたどり着き、自分があらゆる多次元的、多元宇宙的存在につながっていることが体感でき、「わたしこそが宇宙であり、神と分ちがたく一つである」ということを、概念としてではなく、日々体験できたらどんなに素晴らしいことだろう、と。想像するだけでも、わくわくして、身体の細胞が外に向けて解き放たれていくような感覚をおぼえます。想像することは、創造の一歩かもしれません。こんな楽しい創造ならば、わたしにもできるかもしれません。そのためには、日々の忙しい毎日の中に自分自身を埋没させるのではなく、あえて静かな時間をつくり、自分と向き合うことが必要でしょう。ジャスムヒーンさんも「真の平和は自分自身を知ること、本当の自分とは何かを経験することと、さらに、自らが多次元間でつながり合うことができる仲間（種族）だという真の潜在性を理解し、経験することから生まれる」と述べています。本書を一つのきっかけにして、読者の皆さまの想像力がさらに刺激され、偉大な創造の旅の一助になることを心より願っています。

最後に、本書を翻訳する機会を与えてくださったナチュラルスピリットの今井博央希社長、および、小春日和のような温かさで、細やかかつ忍耐強い編集作業をしてくださった笠井理恵さまに心より御礼を申し上げたいと思います。また、本書の生きる実践者であり、今世紀の偉大なスピリチュアル・リーダー、ジャスムヒーンさんに心からの敬意を表します！

立花　ありみ

平成二十七年九月

■著者　ジャスムヒーン　Jasmuheen

オーストラリア人。メタフィジックについて20冊の本を出し、プラーナの栄養についての分野で調査し、国際的にレクチャーを行っている。この20年以上、ほとんど食事をとらずプラーナ（光）だけで生きている。邦訳に『リヴィング・オン・ライト』『神々の食べ物―聖なる栄養とは何か』『マトリックスの女王』『ハートの王』『エリュシオン』（ナチュラルスピリット刊）がある。

・平和使節団・創始者―平和の大使、国際的な講演者、及び、各種オンライン・コースのファシリテーター。
・アーティスト、及び、聖なるアートのリトリートファシリテーター、映像作家、及び、ミュージシャン。
・著者、及び、メタフィジカル研究者（35冊の著書が18カ国語に翻訳されている。また、健康と幸福を促進するためのジャスムヒーン瞑想法のガイドをしている。さらに姉妹サイトC.I.A（the Cosmic Internet Academy：宇宙インターネットアカデミー）のOur Selves（わたしたち自身）のページで、自らの人生の成功法のヒントを提案している）。
・ダークルーム・トレーニングのファシリテーター。
・プラーナで生きること、リヴィング・オン・ライト、ブレサリアンといった活動の研究者。
・スピリチュアルな科学者の世界会議の代表者、セルフ・エンパワーメント・アカデミー創始者、及び、宇宙インターネットアカデミーのファシリテーター。

＜ジャスムヒーンの主要な活動のアジェンダは、健康で調和的な世界を共同で創造するために意識を向上することです。＞

・ウェブサイト　http://www.jasmuheen.com/
・YouTube　https://www.youtube.com/user/jasmuheen
・フェイスブック
　https://www.facebook.com/pages/Jasmuheen/187152512352

■訳者　立花　ありみ（たちばな　ありみ）

サンフランシスコ州立大学マスコミ科卒。臨床心理士。ヒプノセラピスト。翻訳家。公立小中学校、教育相談センター等でカウンセラーをする傍ら、スピリチュアルな気づきと心理学的手法の融合を目指している。訳書に『無我の経験（Experience of no-self)』、『わたし(I)』（ナチュラルスピリット刊）等がある。

また、自宅セラピールームにて、psycho-spiritual therapyを行っている。
・問い合わせ先：starpeople@jcom.home.ne.jp

「平和の道」と「本質」で在ること

平和への12の道が悟りの本質へとつながる

●

2017年1月23日　初版発行

著者／ジャスムヒーン

訳者／立花ありみ

編集・DTP／笠井理恵

発行者／今井博央希

発行所／株式会社ナチュラルスピリット

〒107-0062 東京都港区南青山5-1-10
南青山第一マンションズ602
TEL 03-6450-5938 FAX 03-6450-5978
E-mail:info@naturalspirit.co.jp
ホームページ http://www.naturalspirit.co.jp/

印刷所／中央精版印刷株式会社

ISBN978-4-86451-228-2 C0014